Agonía de un sistema político sin autocrítica

Las PARADOJAS de la TRANSICIÓN

Agonía de un sistema político sin autocrítica

Guillermo Fabela Quiñones

Miguel Ángel Porrúa

MÉXICO • 2008

Primera edición, mayo de 2008

ISBN 978-970-819-083-1

IMPRESO EN MÉXICO *PRINTED IN MEXICO*

www.maporrua.com.mx
Amargura 4, San Ángel, Álvaro Obregón, 01000 México, D.F.

En memoria de Martín Reyes Vayssade
amigo entrañable, inolvidable
por su congruencia y honestidad.

Prólogo

Jesús González Schmal

Los acontecimientos que ha vivido el país luego de cumplirse un año del gobierno de Felipe Calderón, corroboran la tesis central de este análisis: el sistema político mexicano está inmerso en una crisis irreversible, agudizada a partir de que se produjo una alternancia partidista en el ejercicio del poder, que en menos de un sexenio demostró su ineficacia. El PAN desaprovechó la oportunidad histórica que le brindó una parte importante del electorado, principalmente urbano de clases medias, harto de los vicios que por décadas caracterizaron el modo como el PRI manejó la cosa pública. Lamentablemente, las esperanzas de una buena parte de la sociedad pronto se vieron frustradas, tanto por la incapacidad manifiesta del presidente Vicente Fox Quesada para realizar su trabajo, como por la falta total de probidad de la nueva clase política, que ya en el poder demostró su desprecio a los principios éticos que siempre adujo defender cuando fue oposición. Y no sólo eso, sino que hizo evidente el verdadero móvil de su lucha política: usufructuar el poder con fines patrimonialistas, igual que lo hicieron durante décadas los miembros de las altas esferas del priísmo, pero sin el recato que éstos demostraron tener de conformidad con reglas no escritas que les impuso el partido, a tono con el imperativo de crear una sociedad de masas en ascenso.

La disciplina de los miembros del PRI, hasta antes de la llegada de los tecnócratas al poder, para no rebasar límites impuestos por la práctica, fue rota desde un principio por la clase política blanquiazul. El candidato que durante la campaña tanto criticó a su principal adversario de "mandilón", resultó en los hechos un individuo sin personalidad que requería del apoyo de su esposa incluso para respirar, como lo demostraron los propios acontecimientos. No es una exageración decirlo, pues como nunca antes en la historia del país, la consorte presidencial aprovechó las debilidades de su marido, el jefe del Ejecutivo, para llevar ella las riendas del poder, con los dañinos efectos que una situación así traería a los mexicanos, lo que hacía impensable o muy difícil un nuevo triunfo del PAN en las urnas para el relevo de Fox. Pero como nunca antes era vital la necesidad de impunidad del grupo que dejaba el poder, estaba dispuesto a todo, como lo demostró para alcanzar ese objetivo. Se aprovechó la complicidad y rapacidad de una clase empresarial corrupta, enriquecida a la sombra del poder político, y se dio un golpe de Estado técnico, bajo un disfraz "legal", muy semejante en el fondo al que se había dado en 1988, cuando el PRI continuó en el poder para impulsar una estrategia apátrida, auspiciada por la Casa Blanca en Washington y sus tentáculos financieros transnacionales.

La histórica desunión de la izquierda, que nunca ha entendido el principio básico de anteponer todo tipo de discrepancias al imperativo de hacerse del poder, actitud apoyada en la incapacidad de sus dirigentes para obrar con madurez, ayudó en gran medida a que la nueva clase política consumara el golpe de Estado técnico en julio de 2006. El colmo fue que para la sociedad lo más criticable fue la decisión del abanderado del PRD de protestar pacíficamente contra el fraude electoral, mediante un polémico plantón en el Paseo de la Reforma, no la tramposa obviedad con la que se actuó durante los meses de campaña con el claro propósito de evitar el triunfo de López Obrador. Cabe preguntarse por qué semejante forma de proceder de una parte de la sociedad, ciertamente la más influida por los medios de comunicación electrónica. La respuesta, también obvia, es por la despolitización que se ha venido incubando en el ciudadano, como parte del proceso orientado a lograr la desmovilización de la sociedad y frenar así su propia reivindicación social. En efecto, como ningún otro pueblo en América Latina, el mexicano ha sido víctima de una exitosa operación silenciosa para acabar con sus valores ciudadanos, con el invaluable apoyo, a las élites, de los más importantes medios de comunicación, particularmente los electrónicos, y desde luego con la disposición de un alto clero católico dispuesto a todo con tal de lograr sus fines históricos, cada vez más cercanos al imbricarse con el PAN hecho gobierno.

Los más recientes acontecimientos así lo demuestran.

Felipe Calderón Hinojosa avanza con paso no tan seguro hacia la consolidación de su grupo de interés. Logró imponer a un personaje gris de su círculo cercano como nuevo dirigente del PAN, quitándole así a Martha Sahagún el manejo del partido para sus propios fines patrimonialistas. Superó en relativamente poco tiempo la crisis coyuntural derivada del supuesto hallazgo de más de 205 millones de dólares en una mansión en las Lomas de Chapultepec, cuyo dueño, el empresario de origen chino Zhenli Ye Gon, reclamó. Para evitar su devolución se incautó el dinero, aduciendo que provenía del tráfico ilegal de seudoefredina. Sin embargo, Ye Gon contraatacó diciendo que esa importante suma era el remanente de lo que había dado al actual secretario del Trabajo, Javier Lozano Alarcón, durante la campaña del abanderado panista, de la que Lozano fue responsable del manejo financiero. Éste amenazó al chino con llevarlo ante los tribunales del estado de Nueva York, donde fue aprehendido a petición del gobierno mexicano, por difamación, lo que nunca hizo y el asunto fue perdiendo interés en los medios, como asimismo se perdió el rastro de esos millones de dólares.

El inicial secretario de Gobernación, Francisco Ramírez Acuña, cuyo único mérito para ocupar cartera tan fundamental fue haber sido el "destapador" de Calderón siendo aún gobernador de Jalisco, fue defenestrado una vez pagada la factura, medida por demás fácil debido al mediocre desempeño del funcionario, quien nunca dejó de pensar como si fuera presidente municipal de Guadalajara y obediente y fiel siervo del cardenal Jesús Sandoval Íñiguez. Sin embargo, en vez de nombrar a un político que garantizara al menos la estabilidad del gobierno, como era lo recomendable y sensato, Calderón designó al controvertido jefe de la Oficina de la Presidencia, Juan Camilo Mouriño, colocándolo así en una vitrina de cristal desde la que puede ser visto tal cual es: no sólo un hombre joven, sin la experiencia necesaria para un encargo tan difícil, sino un empresario más que un político, con nexos muy evidentes con capitalistas españoles más que dispuestos a "hacer la América" en territorio mexicano. ¿Por qué Calderón tomó una decisión tan controversial? La respuesta no es simple, pues tendría uno que meterse a lo más recóndito de su mente. De lo que no hay duda es de que tendría que saber que semejante nombramiento le acarrearía críticas muy fuertes, que se profundizaron y arreciaron a partir del momento en que López Obrador dio a conocer documentos probatorios del tráfico de influencias en que incurrió Mouriño en su calidad de diputado panista, miembro de la Comisión de Energía y como coordinador de asesores del secretario del ramo, a la sazón Felipe Calderón Hinojosa.

Ante la contundencia de las pruebas, el propio Mouriño aceptó haber firmado tales documentos, y no sólo eso, sino que el Presidente estaba al tanto de los mismos. Entonces, ¿por qué procedió Calderón a sacar de su dorada posición a Mouriño y ponerlo bajo el escrutinio público? La respuesta definitiva la dará el tiempo, ya que por ahora sólo hay espacio para la especulación, lo que no es el propósito de este estudio. Lo único evidente es que con tal designación el propio Calderón pavimentó con piedras filosas el camino de su gestión política. En tal caso, el pago de supuestas facturas al grupo que está detrás de Mouriño sería demasiado alto. Esto nos lleva a la conclusión de que los costos que ha tenido y tendrá que seguir pagando Calderón por acceder a Los Pinos, son parte de la negociación con las fuerzas económicas y políticas que hicieron posible esa victoria que cada vez se acerca más a ser pírrica. De hecho lo es ya para el país, por el retroceso que ha tenido el proceso hacia una transición democrática que nos situara en mejor posición en el concierto internacional, y así estar en posibilidad de aprovechar los mecanismos positivos de una globalización que hasta el momento sólo ha favorecido a las naciones del primer mundo.

De ahí la validez del subtítulo de este ensayo, pues el sistema político mexicano sobrevive en medio de una agonía que podría prolongarse en la medida que las élites sigan empeñadas en preocuparse sólo por sus mezquinos intereses de corto plazo, sin parar mientes en las consecuencias de su egoísmo para una nación que sobrevive a una crisis muy profunda, que sin duda estamos pagando todos, con excepción de la cada vez más reducida elite. El empecinamiento irracional en concluir lo que paladinamente llaman "reformas estructurales", es la demostración más cabal de que se actúa con total desvinculación de los intereses nacionales. El país dejó de importarle a esa cúpula desnacionalizada, que ha hecho suyos los despropósitos que dieron paso a la Revolución mexicana hace ya una centuria, como apuntan varios autores, entre ellos Enrique Semo. Si más de dos terceras partes de la población vive en la pobreza, y casi la mitad del total de habitantes del país sobrevive en la pobreza extrema, cabe imaginar lo que sobrevendrá en caso de que esa élite se salga con la suya, o sea gozar del usufructo de nuestra principal riqueza que es el petróleo. Y lo peor, en calidad de socios minoritarios de empresarios extranjeros, como está visto que sucedería, quienes de ninguna manera aceptarían ser despojados por el fisco del 80 por ciento de sus utilidades como se hace con Pemex.

Lo mismo puede decirse si se aprobara una reforma laboral como la desea la élite empresarial, con el fin de acabar con sus ya escasas obligaciones sociales para con la clase trabajadora. De por sí se dio un firme paso en esa dirección con el Tratado de Libre Comercio de América del Norte, como lo atestigua el que los trabajadores de las maquiladoras en Ciudad Juárez y otras ciudades fronterizas, se convirtieron literalmente en mano de obra esclava, como lo fue en los albores de la Revolución Industrial en Inglaterra en el siglo XIX. Y aun así, los amantes y beneficiarios del modelo económico neoliberal, con total desfachatez critican a sus opositores acusándolos de retrógrados, ¡cuando ellos nos quieren llevar a prácticas económicas y sociales de los siglos XVII y XVIII!

Lo paradójico de esta realidad es que el PRI, que nació como una organización progresista, haya sido el propiciador de la crisis que estamos viviendo. Podrá decirse que se desgastó durante sus siete décadas de usufructo continuo del poder, que fue incapaz de amoldarse a los cambios que demandaba la propia sociedad, que perdió el rumbo a partir del momento en que se confundió el ejercicio de la política con el aprovechamiento de los puestos públicos para acumular riqueza. Todo esto es cierto, pero lo que más lo dañó fue su acelerada desvinculación de sus bases sociales a partir del arribo de los tecnócratas al poder, con Miguel de la Madrid como servil operador de las directrices emanadas de la Casa Blanca en Washington. La última de las cuales, sin duda alguna, fue abrirle las puertas de Los Pinos al PAN, cuya dirigencia no mostró nunca discordancias con la clase política estadounidense, como sí lo hizo el antiguo PRI en diversas etapas de su devenir, particularmente en el manejo de la política exterior.

Alguna vez, quien se ufanó de ser el "último presidente de la Revolución mexicana", lo que evidentemente fue cierto, José López Portillo, dijo que cuando nos volviéramos un país de cínicos, nos acabaríamos como nación organizada. El tiempo le dio la razón, al menos en lo que toca al cinismo como actitud social de las cúpulas gobernante y empresarial. El colmo lo hemos experimentado con el comportamiento asumido por la nueva clase política panista: llegó al poder para enriquecerse lo más posible en el menor tiempo, lo que implica asumir un comportamiento ajeno absolutamente a principios éticos, como lo evidenció la ex pareja presidencial, Vicente Fox Quesada y su cónyuge Martha Sahagún de Fox. La comisión de la Cámara de Diputados que se integró para investigar el enriquecimiento vertiginoso del ex mandatario y su familia, pese a las dificultades propias del caso, reunió múltiples pruebas que documentaron una deleznable corrupción en diversas facetas. Con negarlo todo enfáticamente, y asegurarse la protección del sucesor con favores hechos durante la campaña electoral, con eso consideran que se acabó el problema jurídicamente hablando. (Esta misma táctica, negarlo todo sin tapujos, se sigue utilizando por la camarilla panista.) Lo que no se podrá finiquitar es el descrédito de un partido que surgió a la vida pública pregonando valores morales inmarcesibles, mismos que ya en la práctica como partido en el poder ha tirado al cesto de la basura.

La prueba más evidente de tal aserto es la argumentación que la cúpula panista ha utilizado para defender a Mouriño. Ahora resulta que quienes hacen denuncias con pruebas irrefutables, como las que hizo López Obrador, son "enemigos de México" que quieren evitar que el país progrese. En tan absurda declaración coincidieron el propio Mouriño y Héctor Larios, coordinador de los diputados del PAN. La consigna, como en los viejos tiempos del PRI, es cerrar filas en torno al correligionario hundido por sus propios errores y evitar su caída estrepitosa. Y como buenos maestros, los coordinadores de los legisladores priístas se han aprestado a defender a Mouriño, para luego pasarle una factura costosísima a Calderón. Como es fácil observar, la transición hacia la democracia en México debe aún caminar un largo trecho por escarpadas veredas. ¿No es una paradoja que la apetecida alternancia haya servido únicamente para agravar los viejos vicios del sistema político mexicano?

[*11 de mayo 08*]

Prefacio

A nadie escapa que el sistema político mexicano padece los síntomas de una lenta y profunda agonía. Así se evidenció a partir de que se efectuó la alternancia en el Poder Ejecutivo federal, proceso que no ha tenido, luego de un año de iniciado el gobierno de Felipe Calderón, ningún resultado positivo. Se terminó el sexenio de Vicente Fox Quesada sin que se registraran cambios favorables para el país, sino al contrario, pues se puso en evidencia la falta de un proyecto viable del PAN para sacar adelante a la nación. Fox continuó la misma política económica de su antecesor, quien le había desbrozado el camino en este difícil aspecto de la administración, dejándole abiertas las puertas para seguir la ruta de un crecimiento mínimo pero sostenido. Sin embargo no se dio, no obstante los factores a favor que se presentaron durante el sexenio, como por ejemplo los precios altamente competitivos de los hidrocarburos, que le dieron amplio margen de maniobra al gobierno de Fox. Como está bien documentado, la mayor parte de los excedentes del sobreprecio de la mezcla mexicana se destinaron a gasto corriente, según información de las propias autoridades de la Secretaría de Hacienda. Para importantes observadores y analistas, tanto nacionales como extranjeros, el gobierno de la alternancia, el de la "pareja presidencial", como gustaba autonombrar Fox a su administración, fue un fracaso, una oportunidad perdida para consolidar los evidentes buenos resultados del sexenio de Ernesto Zedillo, quien pudo sortear la gran crisis económica y social que heredó del gobierno de Carlos

Salinas. ¿Por qué fracasó Fox, teniendo todo a su favor, incluido el "bono democrático" que tiró por la borda antes de cumplirse tres años de su mandato? Responder a esta interrogante es tema inabordable aquí, donde el objetivo es aclarar las siguientes cuestiones:

¿Tiene salvación el sistema político que nació con el PRI?, ¿vale la pena hacerse tal pregunta, cuando la transición a la democracia es la única salida?, ¿puede darse ese paso sin el partido que ejerció el poder desde 1929 hasta el año 2000?, ¿es viable la transición cuando los partidos políticos en México padecen una crisis generalizada que daña su relación con la sociedad a la que dicen representar? Dar respuesta a tales interrogantes es el motivo de este trabajo, pues no sólo los militantes del partido que perdió el poder, luego de siete décadas de ejercerlo de manera autocrática, sino la sociedad mexicana en general y politólogos extranjeros, consideran improbable que la transición pueda darse sin que participe una organización política que tuvo un peso fundamental en la vida de México. Paradójicamente, la respuesta definitiva la tiene el propio partido, pues sólo de él depende hundirse, como lo ha estado haciendo, lenta pero inexorablemente, o levantarse aprendiendo a ser una oposición competitiva, con fortaleza ganada en la brega cotidiana. Otra pregunta pertinente que debieran hacerse principalmente sus líderes, es: ¿salvarse para qué? No desde luego para volver a lo de antes, o sea convertirse en una costosa agencia de colocaciones de la clase política, a fin de contar con ella incondicionalmente; no para ejercer el poder con el único fin de servirse del mismo y así saciar el apetito de fortunas fáciles; no para servir de plataforma de lanzamiento de proyectos contrarios al progreso de las mayorías. De igual modo los otros partidos, particularmente el PAN por detentar el poder al frente del aparato de gobierno, y el PRD por ser el que encabeza a la oposición desde la izquierda, están obligados a sanear la vida política nacional con una actuación partidista en la que se privilegie el mérito y la capacidad de los militantes, no su habilidad para la politiquería y el golpe bajo. Si no lo hacen, cuanto antes, es fácil advertir la completa decadencia del sistema político, tal como lo conocemos, y las respuestas tendrá que darlas la propia sociedad, en la medida que lo permitan sus niveles de organización.

Capítulo I

Una camisa demasiado grande

Durante siete décadas, el sistema político mexicano giró en torno a un partido hegemónico que impuso récord de permanencia en el poder, igualando al otro partido de Estado con similares características, el Partido Comunista de la Unión Soviética (PCUS), cuyo desgaste y desaparición se debió, al igual que le está sucediendo al PRI, a sus propios excesos y total ausencia de autocrítica. Fueron siete décadas que se fueron sin sentir, sin darnos cuenta cabal los mexicanos de la extraordinaria oportunidad que teníamos de convertirnos en una gran nación, si el partido en el poder hubiera tenido la capacidad de sobreponerse a las muchas debilidades humanas de sus dirigentes. No fue así, desgraciadamente, porque el atraso social y cultural de la sociedad en su conjunto acabó imponiendo sus cartabones. El partido en el poder fue incapaz de sortear esta realidad negativa, le quedó demasiado grande la camisa que significó revertir un modo de ser impuesto en siglos de simulación, de picaresca, de prevaricato, de control ideológico por parte de un clero católico que utiliza la religión con un fin político.

El fundador del Partido Nacional Revolucionario, general Plutarco Elías Calles, era un hombre astuto, con visión de estadista y voluntad de hierro para ejercer el poder. Sin embargo, no tenía la grandeza de espíritu necesaria para reivindicar a una nación despojada de su inalienable derecho a progresar. Calles, más que ningún otro caudillo de la época, era el prototipo del mexicano ladino, que está en este mundo para aprovecharse de los demás, en la medida que pueda hacerlo. No hay que perder de vista que las grandes revoluciones triunfantes han sido hechas por hombres superiores, como sin duda lo fueron aquí los forjadores de la Independencia, Hidalgo y Morelos, así como Juárez, Ocampo y los más conspicuos miembros del Partido Liberal que condujo la Guerra de Reforma a su triunfo, y luego expulsó al ejército francés que defendía con las armas una intervención extranjera tan absurda como representativa del trasfondo ideológico del conservadurismo mexicano. En cambio, para nuestra desgracia, los triunfadores de la Revolución mexicana, cuyo principal bastión ideológico fue el PNR, fundado en 1929, fueron hombres de muy escasas luces pero enormes ambiciones, como lo demostró el primer jefe, don Venustiano Carranza. Lo mucho que pudieron hacer los intelectuales que se sumaron a la causa, como Luis Cabrera, Andrés Molina Enríquez, Isidro Fabela, fue muy poco en realidad para lo mucho que debía avanzarse y dejar atrás el feudalismo porfirista.

Ni que decir que un caso excepcional fue el de José Vasconcelos, quien como fundador de la Secretaría de Educación Pública y de la moderna Universidad Nacional, desplegó una voluntad genial para abrir el camino que debía seguir el país: la construcción, desde los cimientos, del nuevo edificio que demandaba la nación del futuro. Sin embargo, era una vía llena de sacrificios, de entrega, de meter dinero a la causa, no a los bolsillos, y en pocos años el ejemplo vasconcelista fue dejado a un lado. Otra suerte habría corrido el país, si al candidato a la Presidencia de la República, Vasconcelos, se le hubiera permitido gobernar, y al electorado del país emitir su voto libremente. Aun así, con todas las triquiñuelas y amenazas de que se valió el gobierno, el voto favoreció a la oposición representada por el intelectual oaxaqueño, como años después, en el ostracismo, lo reconocería el propio jefe máximo. La mezquindad de los militares se impuso y el futuro de la nación quedó sellado por el general Calles, quien pese a sus limitaciones demostró, con su obra de gobierno, más capacidad y visión de estadista que los jóvenes tecnócratas que le heredaron el poder al PAN.

Calles fue un creador de instituciones, un brillante conductor de hombres, aun cuando no del nivel que hacía falta en ese momento histórico. En su descargo podría argumentarse que se enfrentó a presiones extraordinarias, tanto del gobierno de Estados Unidos para seguir expandiendo sus intereses en nuestro territorio, como de los porfiristas que seguían soñando en regresar al poder con el invaluable apoyo de la cúpula clerical. Como en los años de la revolución maderista, cuando el gobierno estadounidense tenía de embajador en nuestro país a un personaje tan siniestro como Henry Lane Wilson, en los de la construcción del nuevo Estado mexicano envió a Dwight Morrow, quien se convirtió pronto en consejero y "amigo" personal de Calles, cultivando hábilmente el lado conservador y las ambiciones del jefe máximo, con el fin de frenar la puesta en marcha del programa nacionalista del PNR. Su fundación fue la obra maestra del callismo, pues a partir de éste la sociedad incipiente pudo avanzar hacia la conformación de un país de instituciones sólidas. Los caudillos regionales tuvieron que disciplinarse, o ser defenestrados sin excusa ni pretexto. Se dio inicio a la obra constructora que tanta falta hacía, sobre todo en materia de infraestructura para impulsar el desarrollo. Con todo, lo más significativo, fue que se pusieron las bases del sistema político incluyente que permitió sumar esfuerzos con un propósito común: crear una nación viable que dejara atrás definitivamente las luchas fratricidas y la falta de un proyecto nacional.

Sin embargo, ese proyecto distaba mucho aún de ser tan nacionalista e incluyente como lo demandaban las circunstancias, la historia y el propio programa del PNR. El general Calles no tenía ni la voluntad ni el interés real en hacer que México dejara de ser una colonia de Estados Unidos, como lo apunta John Skirius en su libro *José Vasconcelos y la cruzada de 1929*: "Calles pensaba en una relación comercial a la manera tradicional y colonial entre un país subdesarrollado y uno altamente industrializado. Al parecer, Calles tenía la intención de embarcar plátanos y petróleo mexicanos rumbo a Estados Unidos." Por su parte, Vasconcelos, candidato entonces del Partido Antirreeleccionista, sostenía una postura más afín con la plataforma de su contrincante en las elecciones: "Su visión era remplazar aquellas gasolineras que decían Standard Oil, por algo semejante a los Yacimientos Petrolíferos Fiscales de la Argentina, controlados por la nación... algo así como los futuros Petróleos Mexicanos (Pemex) que nacerían de la famosa expropiación petrolera de 1938." Añade Skirius que

> Mientras Vasconcelos preconizaba el consumo nacional del petróleo para fomentar la industria, el gobierno mexicano cedía a las exigencias de las compañías petroleras extranjeras de que se les hicieran más concesiones para perforación y exportación del oro negro... en mayo, el presidente Portes Gil llegó a un entendimiento en relación con los derechos subterráneos para los terrenos petroleros con control extranjero, en que se conservaba 15 por ciento de sus ingresos para la nación. Así quedaba mal parado el artículo 27 de la Constitución de 1917, que garantizaba que la nación mexicana era dueña de todos los recursos del subsuelo.

Capítulo II

Lógico desenlace, el PAN en el poder

En el concierto de naciones latinoamericanas, México se había distinguido por contar con un sistema político que favorecía la movilidad social, bajo la dirección de un partido de Estado que se fundó sobre premisas corporativas, donde cada pieza encajaba de conformidad con las exigencias sociales y económicas del momento histórico que se estaba viviendo. En algunos sectores de la academia, del propio partido, del ámbito empresarial inclusive, aún se recuerda con nostalgia el tiempo en que se veía con admiración y hasta envidia, la eficacia con la que operaba el grupo gobernante, permitiendo una gobernabilidad que servía de inmejorable caldo de cultivo de logros concretos, como lo fueron la creación de una seguridad social sin parangón en los países hispanoparlantes, un ritmo sostenido de crecimiento económico que se denominó desarrollo estabilizador, una notable sustitución de importaciones que abrió paso a una industrialización pujante, un impulso decisivo a la educación pública laica y gratuita que hizo posible la formación de los técnicos y profesionistas que demandaba el aparato productivo.

Nada parecía oponerse a la marcha del país, liderado por un partido que había nacido con la finalidad inicial de poner fin a los liderazgos regionales de caudillos sobrevivientes del conflicto armado de 1910 a 1920, y de los episodios surgidos de los reacomodos políticos entre las fuerzas vencedoras y los resabios de los intereses derrotados, reacios a dejar las armas, como sucedió durante la llamada revolución delahuertista, en 1924, el último intento por evitar el entronizamiento de la fracción obregonista, que para entonces había mostrado ya sus inclinaciones conservadoras; la Guerra Cristera de 1926 a 1929, acaudillada por un clero católico beligerante, dispuesto a todo con tal de recuperar privilegios largamente acumulados. Nada parecía oponerse a la marcha del país, hasta que en 1968 el propio sistema político mostró su lado carcomido por los excesos en el ejercicio del poder, y por el incuestionable afán de favorecer a una clase empresarial parasitaria, por encima de los intereses de la sociedad plural que se había formado al amparo de ese mismo sistema. Las contradicciones del proceso histórico liderado por el Partido Revolucionario Institucional, se hicieron evidentes cuando fue más que notoria la alianza entre funcionarios públicos de alto nivel y la llamada "iniciativa privada", no para promover un proyecto de país que impulsara el progreso, sino para crear cuantiosas fortunas particulares.

En consecuencia, que ahora el país esté gobernado por el partido que enarbola las ideas más conservadoras, no debe extrañarnos. Es el lógico desenlace de un proceso histórico que se fue generando con lentitud pero sin pausa, hasta que llegó el sexenio en que fue imposible separar las fichas blancas y negras del tablero político nacional, pues unas y otras estaban en posesión del grupo gobernante, todavía bajo la bandera del PRI, y del grupo opositor conservador, entonces aún liderado por personajes que fundaban su praxis en principios además de dogmas, lo que no impedía que algunos de sus ideólogos surgidos del patrocinio empresarial, buscaran la toma del poder político para ejercerlo de conformidad con sus intereses de clase. Ese sexenio, que podemos definir como el de la confusión ideológica, fue el del presidente Miguel de la Madrid, pues aun cuando se rigió bajo premisas y tesis del priísmo histórico, en los hechos operó bajo reglas emanadas del recién estrenado Consenso de Washington, cuyo instrumento real en México fue el verdadero operador político de esa administración, como acabaron demostrándolo los hechos, es decir, el entonces secretario de Programación y Presupuesto, Carlos Salinas de Gortari. No debe extrañarnos tampoco que la clase política, representada por los dirigentes históricos del priísmo, haya sido tan fácilmente derrotada, pues su fuerza real se había decantado al igual que la de la institución presidencial, acotada ya entonces por un grave desprestigio, luego de dos sexenios de aguda deslegitimación del poder presidencial, tanto por la ineficacia en el mando de las instituciones, como por abusos y frivolidades sin ton ni son, que llevaron a la desmoralización de las bases del partido hegemónico.

La fracción eminentemente política del priísmo de entonces fue derrotada, sin que hubiera descontento en las bases representadas por ella, porque llegó a considerarse que era el justo castigo que recibían sus dirigentes por su actitud servil ante los presidentes de la República que se habían desentendido del partido. Ingenuamente se consideró que el arribo de jóvenes tecnócratas, sin nexos con los políticos de carne y hueso, traería vientos renovadores al partido y todos serían llamados nuevamente a participar en el escalafón. Pronto se desengañarían, aunque ya sería demasiado tarde, pues los tecnócratas encabezados por De la Madrid se habían encargado de colocar en posiciones claves a operadores incondicionales, con experiencia política, como Manuel Bartlett, Pedro Ojeda Paullada y Miguel González Avelar, entre otros menos conspicuos, quienes en ese momento no fueron capaces de ver que sólo eran utilizados con un fin nefasto.

En los hechos, pronto se demostró que el presidente De la Madrid nada tenía en común con el PRI, a no ser el discurso acartonado de los actos oficiales. Los priístas históricos vivos en ese entonces, fueron echados al baúl de las anécdotas jocosas y triviales, aunque se les respetaron sus privilegios, a quienes los tenían, no así su imagen pública, a quienes era imprescindible, por estrategia política, desprestigiar para al mismo tiempo debilitar a la clase política detrás de los ex presidentes Luis Echeverría y José López Portillo. No les fue difícil a los tecnócratas desplegar tal táctica, debido al enojo ciudadano ante los excesos de ambos mandatarios en el ejercicio del poder. (A ese periodo, los medios al servicio de la oligarquía lo bautizaron como la "docena trágica".) Cabe señalar que la instauración del proyecto emanado del Consenso de Washington fue asunto fácil, debido a la oportunidad del momento histórico que se vivía al comenzar la década de los años ochenta. No se previó entonces el desenlace que tendría la adopción de tal proyecto antinacional: el arribo al poder de la clase heredera de aquella que entregó el país a la monarquía representada por el contradictorio liberal Maximiliano de Habsburgo. Puede decirse, sin temor a equivocación, que la tecnocracia delamadridista le abrió las puertas al PAN para que en el año 2000, lo que quedaba del PRI fuera arrojado de Los Pinos. Sin embargo, no podría asegurarse que esa misma tecnocracia estuviera al tanto de la magnitud de sus acciones, pues la soberbia intelectual de sus adalides la cegaba. Se justificó aduciendo que lo que se había operado con su arribo al poder era un indispensable cambio generacional, una necesaria e irrenunciable modernización del viejo PRI.

El triunfo del PAN, con Vicente Fox como abanderado, se venía gestando más de dos décadas atrás, de ninguna manera se debió a la personalidad de éste. Desde luego contribuyó el que el PRD haya presentado como candidato a un Cuauhtémoc Cárdenas desgastado y con poca credibilidad entre sus propias huestes, y que el abanderado priísta careciera de las condiciones requeridas en ese momento para contender con éxito frente al locuaz representante del partido blanquiazul. Francisco Labastida Ochoa fue un personaje sin carisma que facilitó enormemente el trabajo a Fox. La pregunta clave es si esto lo sabía el entonces presidente Ernesto Zedillo, quien nunca dejó de contar con la asesoría del personaje más demoníaco del escenario político nacional de todos los tiempos: José Córdoba Montoya. Debido a esta situación es posible suponer que por ello, por haber sido un contendiente a modo, fue escogido Labastida, un tecnócrata resentido con el ex presidente Salinas, quien había sido su subordinado en la Secretaría de Programación y Presupuesto, sin que jamás actuara como tal, toda vez que Salinas siempre acordó directamente con el entonces titular de la dependencia, el licenciado De la Madrid. En consecuencia, Fox no ganó las elecciones, sino que las perdió un priísmo muy debilitado en todas sus partes, a partir del momento en que De la Madrid cambió el antiguo sistema de premiar a los militantes con más méritos, para reconocer a los incondicionales aunque carecieran de trayectoria en las filas partidistas, esos que asegurarían con menos riesgos la implantación del proyecto ordenado desde la Casa Blanca en Washington. Tal modo de operar fue apuntalado por Salinas de Gortari durante su mandato, a extremos impensables, como el haber pretendido poner punto final al periodo histórico del PRI, para dar cabida a una nueva organización política del estado: el Partido Solidaridad, que no llegó a cuajar por falta de tiempo más que de recursos o de voluntad presidencial.

(Sobre este punto, el libro de Roberto Madrazo, *La traición*, que pudo abrir nuevos espacios de discusión, finalmente no lo hizo por el propio desprestigio de éste. Dicho libro pasó desapercibido, no así la trampa que hizo en el maratón de Berlín, el pasado mes de septiembre, para arribar a la meta en primer lugar, aunque la tecnología puso al descubierto su censurable actitud. Su ataque contra Zedillo se perdió en el vacío.)

Los trágicos acontecimientos, aún sin aclarar plenamente, que condujeron al homicidio de Luis Donaldo Colosio, el favorito de Salinas de Gortari, desembocaron en una más amplia desmoralización de la militancia priísta de base. No había explicación al hecho absurdo de que, siendo el candidato que garantizaba a Salinas la continuación de su proyecto personal, Colosio fuera asesinado luego de cuatro meses de una campaña política cada vez más en picada, en la que quedaba de manifiesto una evidente falta de apoyo gubernamental para llevarla a cabo con éxito. Esto facilitó grandemente el fatal desenlace en Lomas Taurinas. Nunca antes se había visto que un candidato del PRI a la Presidencia de la República, anduviera en campaña casi a salto de mata, participando en mítines desangelados, carentes del apoyo masivo que caracterizaba a los de las campañas anteriores. Era obvio que había dejado de ser el favorito de Salinas y que nada positivo para el priísmo podía esperarse del sacrificio al que estaba destinado el sonorense, por conflictos dentro del grupo en el poder aún no esclarecidos. Lo más razonable, de acuerdo con la experiencia histórica y con el factor incuestionable de la dependencia geopolítica de México con respecto a la Casa Blanca en Washington, es que Colosio dejó de ser confiable para los intereses representados por George Bush padre. Lo cierto, en definitiva, es que a nadie convenció la hipótesis del asesino solitario, un oscuro personaje de nombre Mario Aburto, de quien se tuvieron noticias nuevamente, el año 2006, al ser trasladado de prisión, junto con varios capos del narcotráfico.

Capítulo III

Gerentes en vez de políticos

Con el PRI neoliberal, surgido en el sexenio de Miguel de la Madrid, concluyó un proceso de involución de una clase política que se había olvidado, en la praxis, de los principios, por una colusión cada vez más franca con la clase empresarial. Así lo demuestran los hechos, hasta llegar a casos paradigmáticos como los de algunos altos funcionarios del régimen salinista, quienes sin empacho cambiaron su traje priísta por el de gerentes empresariales. De por sí, el sistema político surgido de la Revolución mexicana, padecía desde sus orígenes de una "esclerosis" producida por la necesidad de reconocimiento, por el gobierno de Washington, entonces dirigido por Thomas Woodrow Wilson, harto de la violencia en México que afectaba los intereses de estadounidenses radicados aquí. De tal reconocimiento dependía el triunfo de una de las dos grandes fracciones en pugna después de la Convención de Aguascalientes, la carrancista, más conservadora en la búsqueda de reivindicaciones, y la villista, radical en cuanto a objetivos sociales y políticos. La historia nos muestra que acabó ganando la primera, no obstante que la relación de Venustiano Carranza con la Casa Blanca era más fría que la que personalmente llevaba el caudillo de la División del Norte, a quien sus propios errores y firmeza de convicciones acabaron aislándolo del gobierno de Washington. El gobierno carrancista se caracterizó por su decisión para poner freno al impulso revolucionario del ala izquierda del movimiento armado, lo que fue muy bien visto por la Casa Blanca, tanto que no tuvo empacho en permitir que Carranza desplegara una política exterior tan brillante que sigue siendo paradigmática. Tal estrategia continuó con el sucesor de Carranza, el general victorioso del movimiento armado, Álvaro Obregón, asimismo urgido de reconocimiento, tanto que llevó a cabo negociaciones con la Casa Blanca que concluyeron en los llamados Tratados de Bucareli, cuyas consecuencias políticas, más que económicas, serían muy gravosas para nuestro país.

El movimiento dirigido por Adolfo de la Huerta, fue la última intentona de los revolucionarios con principios por quitar del poder a quienes consideraban traidores a la causa por la que se habían levantado en armas en 1910. Se lanzaron a la lucha sin ninguna posibilidad de éxito, pues para entonces la principal fuerza opositora, la comandada por el general Francisco Villa, había sido totalmente aniquilada, luego que el llamado "Centauro del Norte" fuera asesinado en Hidalgo del Parral, el 20 de mayo de 1923. A partir de entonces, la consolidación del régimen obregonista avanzó sin cortapisas, llevando a su paso la construcción de un Estado que no permitía desviaciones, a no ser las que surgían de la propia casa presidencial. La más deleznable, por sus resultados, fue la capacidad corruptora del presidente Obregón, lo que favoreció el surgimiento de cotos de poder casi feudal en diferentes regiones del país. Eso no importaba si a cambio se contaba con la seguridad de que los caudillos se dedicaban a enriquecerse, no a pensar en cuestiones políticas de fondo. Aun así, los personajes del primer círculo sí lo hacían, sobre todo al acercarse la sucesión del primer mandatario, por lo que comenzaron a externar sus ambiciones políticas, pero sin la anuencia del jefe de las instituciones revolucionarias, lo que ocasionó la llamada "Matanza de Huitzilac", un paraje cercano al Distrito Federal donde el 3 de octubre de 1927 fueron acribillados 23 personajes, entre ellos el general Francisco R. Serrano, quien se consideraba a sí mismo el sucesor natural del presidente Obregón.

Las pugnas sangrientas por el poder, y la consiguiente necesidad de reconocimiento internacional al triunfador, debilitaron al régimen surgido en 1916 con la victoria del carrancismo. Cada que se acercaba la fecha de la sucesión, de acuerdo con la historia, la clase política se aprestaba a presenciar los jaloneos y tiroteos que acababan en fuertes abrazos entre el vencedor y sus corifeos, por un lado, y por el otro, en velorios y expatriaciones que ponían fin a nuevas ambiciones. Con todo, debajo de los políticos encumbrados había surgido una clase burocrática que se preocupaba porque las instituciones cumplieran sus propósitos. Gracias a esos burócratas, muchos de ellos hoy olvidados, la República continuó trabajando en la conformación de un Estado que sirviera a la población mayoritaria. Ejemplo de tal interés genuino por servir a la sociedad, fue el de José Vasconcelos, quien desde la Secretaría de Educación por él creada, con el decidido apoyo del presidente Obregón, contribuyó al desarrollo social y cultural del país, como nunca antes ni después se haría. Otro caso fue el del fundador del partido conservador, hoy en el poder, Manuel Gómez Morín, quien durante los años veinte se significó como visionario emprendedor de instituciones públicas, como el Banco de México. Con todo, lo esencial en esos años era hacerse del poder, al precio que fuera, lo que dio paso a fenómenos históricos como el llamado "Maximato", periodo caracterizado por la simulación en el ejercicio del poder, que en realidad detentaba el oscuro general sucesor de Obregón, Plutarco Elías Calles. Como es sabido, aquel había decidido perpetuarse en la silla presidencial después de que finalizara el cuatrienio constitucional de Calles, en 1928. No se le permitió cuajar tan desmesurado proyecto, asesinándolo en la comida en la que se estaba celebrando ese paso histórico, su reconocimiento como presidente electo, el 17 de julio de 1928. Como en el homicidio de Luis Donaldo Colosio, hubo un asesino solitario, José de León Toral, aun cuando en aquel hecho hubiera más implicaciones por ser, el homicida, un activo militante del movimiento católico. De cualquier forma, como lo demuestra la historia, nunca se creyó que la cúpula clerical tuviera participación en el atentado. El resultado fue que, gracias a la muerte definitiva del caudillo sonorense, Calles quedó como jefe máximo, con poder suficiente para gobernar a través de otras manos: las de Emilio Portes Gil, quien cubrió el interinato a la muerte de Obregón con el objetivo de preparar nuevas elecciones; Pascual Ortiz Rubio, quien gobernara del 5 de febrero de 1930 al 4 de septiembre de 1932, renunció a la Presidencia en un acto de dignidad poco comprendido, y Abelardo L. Rodríguez. (Por cierto, Ortiz Rubio sobrevivió a un atentado unas cuantas horas después de protestar como primer mandatario. Otro "asesino solitario", Daniel Flores, le propinó un balazo en plena cara que le deformó la mandíbula. ¿Qué fines perseguían quienes lo armaron para cometer el crimen?, ¿acusar a los vasconcelistas de ser los verdaderos autores del magnicidio? El atentado no alcanzó más difusión, pues el desconocido Flores falló en su intentona homicida, fue juzgado y se prefirió echar tierra al asunto. Cuatro años después moriría en prisión, completamente olvidado.)

La permanencia del "Maximato" hubiera continuado si el general Lázaro Cárdenas del Río, también escogido por Calles con claros propósitos continuistas, no se decide a poner fin a esa aberración histórica de la Revolución mexicana. Se armó de valor y dio el paso que demandaba la salud de la República: expulsó al jefe máximo del país, sin darle tiempo de quitarse el pijama, e hizo una completa depuración de los políticos y militares callistas, cesando en sus funciones a diputados y senadores leales a Calles, quitando gobernadores y jefes de zonas militares de igual militancia. Literalmente no dejó títere con cabeza y se hizo del poder, que ejerció sin ataduras, extendiendo el periodo gubernamental a seis años. Su mandato se caracterizó por un decidido interés en darle al sistema político el rumbo social perdido, particularmente en la atención al campo y a los campesinos, siempre olvidados por los caudillos revolucionarios, interesados ellos mismos en convertirse en terratenientes. Nunca antes, ni después, el apoyo a la productividad agropecuaria fue tan sustancial, lo que desencadenó afectaciones de intereses que se contraponían a ese gran objetivo del régimen cardenista. Esto provocó, como era de esperarse, el enojo de una oligarquía que se consideraba intocable, dada la protección que recibía desde la misma Presidencia de la República. Fue tal su disgusto que Manuel Gómez Morín, entonces convertido en adalid del conservadurismo, para tratar de contrarrestar los impulsos revolucionarios del cardenismo, formalizó en 1939 la fundación del Partido (de) Acción Nacional, el PAN, 10 años después del surgimiento del Partido Nacional Revolucionario, el cual en 1946 habría de convertirse en Partido Revolucionario Institucional, PRI.

El cardenismo representó un sacudimiento estructural de alcances insospechados que abrió cauces definitivos al progreso de México. Nunca antes se habían creado tantas instituciones y empresas del Estado, con el propósito de apuntalar un proyecto nacionalista verdaderamente reivindicativo. El corporativismo tomó cuerpo en organizaciones fuertes, dirigidas por políticos brillantes, como el fundador de la Confederación de Trabajadores de México, Vicente Lombardo Toledano, que puso fin al reinado de uno de los dirigentes "obreros" más corruptos de que se tenga memoria, Luis N. Morones, callista de cepa, el que más debió haber lamentado la defenestración de su líder. Con el presidente Cárdenas al frente del Estado, México dio un salto cualitativo que dio razón de ser a la Revolución mexicana, largamente aletargada y hasta traicionada. Con una inteligencia innata, un patriotismo real y un gabinete de hombres aún más inteligentes, el general Cárdenas supo aprovechar una coyuntura histórica irrepetible, como lo fue la permanencia de un presidente visionario en la Casa Blanca, Franklin Delano Roosevelt, así como la participación de Estados Unidos en la Segunda Guerra Mundial. Sacó el mayor partido a esta realidad, en beneficio del país, abriendo posibilidades de crecimiento económico con acciones tan relevantes como la expropiación de la industria petrolera en 1938. Nunca antes la política exterior de México, brillante como lo fue durante el cuatrienio de Carranza, había sido tan representativa de una nación deseosa de convertirse en protagonista de la historia mundial. Sin embargo, internamente la oligarquía estaba enfurecida con un mandatario insobornable, comprometido a fondo con un proyecto nacionalista que tenía como fundamento hacer realidad los grandes objetivos sociales propugnados por los iniciadores del movimiento armado de 1910-1920.

Era obvio que por la fuerza de las armas sería imposible derrotarlo. Con todo, se hicieron intentos aislados, más que otra cosa con el ánimo de debilitarlo e irle creando problemas, como los alzamientos infructuosos del general Saturnino Cedillo en la Huasteca potosina, financiados por las compañías petroleras aún en manos extranjeras. De ahí que llegaran a la conclusión, los dirigentes de la oligarquía, de que había que seguir el camino largo, el de la oposición política. Fue así que surgió a la palestra el PAN, en plena campaña por la sucesión del presidente Cárdenas. Algo debe haber influido en el ánimo de éste la presencia de dicho partido, además de otros muchos factores, pues acabó inclinándose por un oscuro militar sin antecedentes políticos de importancia, para que lo relevara en el mando de las instituciones. México había dado un gran salto cualitativo durante su sexenio, pero a costa de una fuerte irritación de la oligarquía, incapaz de solidarizarse con la nación y de ver más allá de sus propios intereses. Continuar por ese camino, que convenía a las mayorías nacionales, era desaconsejable en cuanto que los ánimos estaban muy caldeados y el paso siguiente, muy factible, era una contrarrevolución sangrienta que haría retroceder al país. La lógica mostraba que el continuador del proyecto cardenista debía ser el general Francisco J. Múgica, pero dar ese paso significaría abrir espacios a la violencia reaccionaria. El sentido común se impuso, necesariamente, y el sucesor fue un personaje sin brillo pero que en el ejercicio del poder se mostró como un eficaz conciliador, que era lo fundamental en esa etapa histórica, el general Manuel Ávila Camacho.

Capítulo IV

A salvaguardar lo ganado

Hoy cabe preguntarse si la situación de reversión histórica que vivimos no sería consecuencia de aquel freno forzoso que le impuso el presidente Cárdenas a la marcha del sistema político. Es un buen tema para la especulación, aun cuando de entrada vale decir que las nuevas condiciones geopolíticas que se presentaron al finalizar la Segunda Guerra Mundial, hacían más frágil la posición de México ante el imperio estadounidense. Lo que se pudo avanzar, durante la gran conflagración, lo hizo el mandatario michoacano con audacia e inteligencia poco común. Posteriormente, lo único que se podía hacer era mantener lo ganado, en la medida de lo posible teniendo en cuenta la fortaleza con la que surgió la economía del país vecino después de la guerra, lo que significaba nuevas y más fuertes presiones para satisfacer sus ambiciones sobre nuestros recursos. Con el general Múgica en la Presidencia, la defensa de nuestros intereses nacionales habría sido más firme y decidida, pero con resultados tal vez adversos en el mediano plazo. Recuérdese que durante los años cincuenta, bajo la presidencia del general Dwight David Eisenhower, la Casa Blanca llevó a cabo un permanente trabajo, en diferentes frentes, orientado a expandir y fortalecer sus intereses.

Fueron los años en los que se dividió el mundo en dos grandes bloques, y en uno de ellos, por razones geográficas, teníamos que estar forzosamente los mexicanos. Tal situación, sin embargo, no se aprovechó ventajosamente, por las razones que hayan sido, pudiendo haberlo hecho como en su tiempo lo hizo el entonces presidente Cárdenas. La llamada Guerra Fría, auspiciada básicamente por el gobierno de Washington para evitar la expansión de las ideas socialistas en boga, nos colocó como aliados de Estados Unidos. Nos convertimos en su principal traspatio latinoamericano, motivo por el que recibimos una atención prioritaria de la Agencia Central de Inteligencia, la famosa CIA por sus siglas en inglés. Esto lo facilitó el hecho de que a la Presidencia de México, al finalizar el sexenio de Ávila Camacho, arribó el gobernante más identificado con el modo de vida estadounidense, el primer mandatario civil que llegaba a Los Pinos, el abogado Miguel Alemán Valdés, quien cambió no sólo el nombre del partido en el poder, entonces llamado Partido de la Revolución Mexicana (PRM), poniéndole su nombre actual, sino el rumbo económico de México al darle prioridad al desarrollo industrial en detrimento del campo y del campesinado.

Durante la Guerra Fría, otra vez la "maldita vecindad" nos hacía una mala jugada, como así fue durante los años de la Revolución mexicana, cuando Alemania hizo intentos muy serios para aprovechar el conflicto en México con el fin de afectar intereses estadounidenses en la región. Con todo, gracias a la firmeza de una política exterior bien cimentada, nuestro país sorteó lo mejor que pudo las presiones de uno y otro país en esos años previos a la gran crisis del capitalismo mundial de 1929. Así sucedió también durante los años aciagos que desembocaron en la denominada "Crisis de los misiles" de 1962, cuando México demostró la eficacia de su política exterior. Las presiones de Washington eran cotidianas en todos los frentes y en toda América Latina. Para ello contaba con una Organización de Estados Americanos (OEA) dúctil y confiable, dispuesta a obedecer sin chistar cualquier orden de la Casa Blanca. Con ese mismo fin de control geopolítico había ideado la puesta en marcha del llamado Tratado Interamericano de Asistencia Recíproca (TIAR), el cual sirvió de instrumento para aislar al régimen de Fidel Castro. Con valor e inteligencia, el presidente Adolfo López Mateos se enfrentó al voluntarismo hegemónico de la Casa Blanca, entonces liderada por el carismático John F. Kennedy, haciendo valer los principios centrales de la política exterior del Estado mexicano: la no intervención y la autodeterminación de los pueblos. Con el enojo del PAN, el presidente López Mateos no rompió con el régimen castrista, como sí lo hicieron los demás países latinoamericanos. Esta actitud mucho debe haber ayudado a que la izquierda mexicana se olvidara de pedirle cuentas por el asesinato del líder campesino Rubén Jaramillo y su familia, y la fuerte represión a los maestros y ferrocarrileros durante su mandato, cuyos líderes, Othón Salazar y Demetrio Vallejo, respectivamente, fueron encarcelados en Lecumberri.

La regla no escrita del "péndulo sexenal" funcionó entonces conforme a los intereses dominantes. Al Presidente más carismático que haya ocupado Los Pinos, contradictorio a más no poder, le sucedió quien estaba forzosamente obligado, tanto por razones coyunturales como por sus mismas convicciones, a modificar el coqueteo de López Mateos con la izquierda, que tanto disgustó al PAN. Gustavo Díaz Ordaz no perdió tiempo y desde un principio demostró su deseo de llevar la fiesta en paz con Estados Unidos, con la iniciativa privada mexicana y con el clero católico. La relativa libertad de prensa que había durante los años previos fue cancelada, y el primero en sufrir las consecuencias fue Manuel Marcué Pardiñas, a quien se le retiró todo apoyo para la publicación de una de las mejores revistas que se hayan editado en México, *Política*, desde la cual escritores y analistas de izquierda fustigaban al régimen priísta, publicando quincenalmente reportajes y artículos paradigmáticos, con el consabido disgusto de un PAN, todavía en la orfandad y el desamparo político. Sin embargo, la semilla de la democratización de la vida pública nacional había germinado, tanto por lo que sucedía en el entorno mundial, como por el contradictorio comportamiento de López Mateos, quien con una mano alentaba a sectores progresistas y con la otra los golpeaba. La acción represiva, aún no violenta de los primeros años del gobierno de Díaz Ordaz, contribuyó a la conformación de organizaciones progresistas, sobre todo entre los sindicatos tradicionalmente más combativos, como el SME, con una orientación decididamente democratizadora que impulsó su líder Rafael Galván, sin injerencias de otra naturaleza como pretendieron hacerle creer a la opinión pública los voceros del gobierno federal, ellos sí a las órdenes de la CIA como se ha documentado ampliamente.

Esa lucha sorda de clases que se dio durante los tres primeros años del gobierno diazordacista, desembocaría, por exigencias de la derecha más beligerante, en la más sangrienta represión de la historia contemporánea de México, durante los meses de julio a octubre de 1968. Entonces se patentizó claramente que la penetración ideológica de la Casa Blanca en la clase gobernante mexicana, se había realizado con éxito a partir del entronizamiento del régimen castrista, con el invaluable apoyo interno de una iniciativa privada cada vez más comprometida con intereses económicos estadounidenses, siempre dispuesta a establecer alianzas con quienes se dejaran sobornar para servir a sus intereses. Para entonces, la ideología de la Revolución mexicana se había convertido en letra muerta de discursos demagógicos de la cúpula gobernante, con el consiguiente beneplácito de las organizaciones empresariales, mismas que aún no contaban con un PAN dispuesto a servirlas, pues sus dirigentes obedecían todavía a las directrices ideológicas de su fundador, y sobre todo a principios éticos que se fueron perdiendo al paso de los años.

Capítulo V

Al poder sin desgastarse

Bien podría decirse que el PAN se hizo del poder sin estar en Los Pinos, pues la identificación del presidente Díaz Ordaz con las fuerzas más conservadoras del país fue más que evidente. En lo ideológico, no halló contradicción en actuar conforme a los intereses de la iniciativa privada más reaccionaria, como la agrupada en la Confederación Patronal de la República Mexicana, si a cambio en el discurso seguía manteniendo la línea establecida por el PRI, y respetando las reglas del sistema, particularmente la de premiar a los militantes distinguidos. Su alianza con los empresarios nunca estuvo en duda, pues en cuanta oportunidad fue requerido su apoyo, lo dio sin condiciones. Sobran ejemplos para probarlo, que sería prolijo mencionar aquí. Baste referirse a un movimiento social cuyo desenlace, favorable a un sector del grupo empresarial de Monterrey, marcó la derrota de un pueblo decidido a cambiar una situación injusta. Corría el año 1966, dos apenas del gobierno del mandatario poblano, cuando en la capital del estado de Durango se gestó un movimiento estudiantil, que pronto alcanzó niveles insospechados. La bandera de lucha era objetivamente discernible: reivindicar en favor de la economía local el usufructo del Cerro del Mercado, un cuantioso mineral ferroso a cielo abierto que venía siendo explotado por la empresa Fundidora de Hierro y Acero de Monterrey, del poderoso magnate Carlos Prieto, a partir de la segunda década del siglo XX. Los dirigentes estudiantiles demandaban que la empresa regiomontana construyera en Durango la factoría procesadora del mineral, para que el valor agregado se diera en el sitio donde se extraía, lo que daría un fuerte impulso a la economía regional. De no lograrse esto, se pedía un pago de impuestos justo, acorde con los beneficios que recibía la empresa por la explotación del mineral, no el simbólico de un peso por tonelada, sostenido desde los inicios del extraordinario negocio.

No se logró ni una cosa ni otra, por el firme apoyo que recibió el empresario Prieto del presidente Díaz Ordaz. Esto a pesar de que el movimiento, en un principio meramente estudiantil, al paso de las semanas se convirtió en un movimiento de masas que sacudió la vida social, política y cultural de la capital durangueña. En éste se involucraron padres e hijos, sin distingo de clase social, organizaciones obreras y campesinas, de los trabajadores al servicio del estado y la burocracia en general. Nunca antes ni después la ciudad de Durango vivió días tan intensos, con el Cerro del Mercado tomado por los estudiantes, quienes impedían el trabajo cotidiano de la empresa, con pérdidas millonarias para ésta. Durante los meses de junio a agosto, el lapso más álgido del conflicto, el respaldo de la sociedad local a los estudiantes fue total. La misma Iglesia católica, con enorme influencia en el estado, se vio forzada a mostrar simpatía al movimiento. El entonces gobernador, Enrique Dupré Ceniceros, pagó con su defenestración el hecho de no reprimir a los estudiantes y dejar que el movimiento tomara fuerza. La solución provino del gobierno federal, con el envío de infantes del Cuerpo de Paracaidistas, lo que podría considerarse el antecedente más obvio de la represión estudiantil de 1968. Los líderes del movimiento fueron liquidados políticamente, aislándolos de sus bases y otorgándoles prebendas que algunos de ellos siguieron disfrutando en el gobierno del presidente Luis Echeverría. Con todo, quien más ganó fue el propio presidente Díaz Ordaz, pues consiguió que la empresa de Carlos Prieto instalara en Puebla, su estado natal, en vez de Durango, una factoría de primer mundo: Hojalata y Lámina, Sociedad Anónima (HYLSA).

La identificación de intereses entre la élite gobernante y la cúpula empresarial era el motor de una cada vez más marchita Revolución mexicana. Sin embargo, en lo ideológico seguían vivas las diferencias entre una y otra, las cuales no pasaban del terreno discursivo, situación que cambió con la llegada a Los Pinos del sucesor de Díaz Ordaz, Luis Echeverría Álvarez. Sus impulsos reformistas, aun cuando retóricos y formales, lo llevaron a confrontarse con los grupos más prominentes del empresariado mexicano, acostumbrados como estaban desde la época alemanista a imponer condiciones a la sociedad en general. La falta de capacidad autocrítica de un presidencialismo hegemónico, condujo a la debacle al régimen de Echeverría. La incapacidad reflexiva y de análisis puntual del Presidente llevó las cosas hasta un punto sin retorno, cuando el principal magnate de Monterrey, el forjador del grupo paradigmático de la región, don Eugenio Garza Sada, fue asesinado en un intento de secuestro en la misma capital regiomontana. Los hechos posteriores han sido ampliamente documentados. Lo que no se ha esclarecido, y tal vez nunca se haga, es qué grado de conocimiento tenía el presidente Echeverría sobre el atentado que sufriría el empresario. Sí quedó claro, a partir de entonces, que la clase empresarial mexicana cerraría aún más sus filas en defensa de sus intereses. Se aprovechó el homicidio para chantajear al Ejecutivo, hasta acabar debilitándolo, como se vio en la práctica de todos los días. Las tasas de utilidades de los hombres de negocios se multiplicaron rápidamente, mientras el país se hundía en un río de inflación galopante que obligó a la devaluación del peso, situación que agravó la política financiera del gobierno federal, basada en la impresión indiscriminada de billetes y en un endeudamiento sin control.

El ambiente de confrontación no cesó con el cambio de jefe del Ejecutivo, aun cuando parecía que podrían generarse condiciones favorables para revertir tal realidad, gracias a la personalidad y conocimientos que reunía el sucesor de Echeverría, el carismático José López Portillo. Lo dramático de su sexenio fue que lo ganado en los primeros tres años de gobierno, lo perdió rápidamente en los tres finales, merced a su incapacidad autocrítica, a sus frivolidades que rayaron en irresponsabilidad inaceptable, como haber nombrado por decreto al jefe de la policía capitalina, el inefable Alfonso Durazo, general de división, con lo que se ganó explicable enojo de los militares de carrera; a decisiones absurdas como decretar la estatización de la banca del país acusando a los banqueros de saqueadores, faltando dos meses para finalizar su mandato. Tales excesos llevaron a un desgaste total de la figura presidencial, situación que fue aprovechada hábilmente por el presidente De la Madrid para iniciar su sexenio con acciones que bajaran la tensión, como su rechazo verbal a tal medida, con lo que se ganó la simpatía de los empresarios en general y los banqueros en particular. Con los nuevos vientos a su favor, De la Madrid no perdió tiempo en acciones demagógicas encaminadas a engañar a los trabajadores. Había llegado con el compromiso histórico de poner en marcha la estrategia surgida en el llamado Consenso de Washington, y así lo hizo desde un principio creando las condiciones estructurales que hicieran factible el modelo neoliberal. El costo, sin embargo, fue muy alto para el país y para la propia institución presidencial: la escalada inflacionaria llegó a los tres dígitos y comenzó el proceso de empobrecimiento sistemático de amplias capas de la población, gracias al firme apoyo del gobierno federal a los especuladores que surgieron con la nueva política financiera impulsada por De la Madrid y la camarilla encabezada por Carlos Salinas de Gortari.

(Llama la atención que el propio Fondo Monetario Internacional reconociera plenamente el fracaso de la apertura comercial que con tanto empeño puso en marcha De la Madrid, siguiendo instrucciones del FMI, como lo hizo en su informe semestral dado a conocer el pasado mes de octubre de 2007, denominado "Panorama económico mundial", en el que acepta que dicho proceso "profundizó la desigualdad en el país".)

Contra lo que se esperaba, De la Madrid no regresó la banca a sus propietarios originales desplazados por López Portillo, sino que prohijó la formación de nuevos banqueros, pero sin la capacidad profesional de aquéllos, y lo peor, sin la responsabilidad social que había caracterizado a los forjadores de la banca mexicana. Los escogidos para reiniciar la marcha de una banca reprivatizada fueron los menos idóneos, como lo demostraron los resultados de su gestión en poco tiempo. El desenlace de tantos despropósitos fue el "crack" de la Bolsa de Valores en 1987, que dejó en la ruina a cientos de miles pequeños y medianos ahorradores, comenzando así la *vía crucis* que para muchos aún no termina. El paso siguiente fue el cierre cada vez más dramático de cientos de miles de pequeñas y medianas empresas, cuyos propietarios se veían imposibilitados de hacer frente a una situación totalmente desfavorable, pues dejó de haber créditos bancarios y los costos de producción se volvieron incosteables. De este modo, el modelo neoliberal se ponía en marcha, con estricta obediencia a las instrucciones provenientes de Washington, para beneplácito del Fondo Monetario Internacional y del Banco Mundial. Ahora, el gobierno mexicano se dedicaba a despojar de sus escasos bienes a las clases medias, básicamente, para dárselos a los especuladores disfrazados de banqueros. Lo que facilitó este proceso obviamente deshumanizado, fue la ausencia de una clase política que levantara la voz en favor de los intereses mayoritarios. Aquí se hizo más que evidente la pérdida de rumbo del partido en el poder, el PRI, por servir a los intereses de una camarilla gobernante cómplice de gente sin escrúpulos, ajena por entero a los intereses de la nación.

Capítulo VI

Cruel tomadura de pelo

La disciplina que caracterizó a la clase política prohijada por el PRI, fue la cadena de transmisión que hizo moverse a la maquinaria neoliberal. Lo que en los inicios del sistema político emanado de la Revolución mexicana, permitió los avances del país hacia la construcción de un Estado benefactor, que lo fue en tanto favoreció una movilidad social creadora de pujantes clases medias, en la etapa neoliberal de los tecnócratas fue el factor que permitió su posicionamiento. A la camarilla salinista le fue fácil tomar el poder, valiéndose de la premisa que hizo posible la conformación de un sistema surgido de un movimiento armado que sacudió al país. Todos los miembros del partido en el poder se hubieron de disciplinar, porque no hacerlo era un anatema que los dejaría fuera del juego por las posiciones políticas y administrativas. Nadie pensó, en ese momento, que de cualquier forma ya estaban expulsados, simple y llanamente por no pertenecer a la tecnocracia "educada" en universidades estadounidenses. Con ingenuidad incomprensible, o por simple oportunismo, aceptaron una realidad que a todas luces era adversa. Lo importante, en la coyuntura de ilegitimidad con la que tomó el poder Salinas de Gortari, era cerrarle el paso a una oposición que, paradójicamente, estaba más cerca, mucho más, a la ideología de la clase política que permitió a la camarilla salinista el acceso a Los Pinos.

Cuauhtémoc Cárdenas Solórzano, Porfirio Muñoz Ledo y demás tránsfugas del PRI en 1987, año de su salida para organizar el Frente Democrático Nacional, lo que estaban haciendo era lo que debía haber hecho la dirigencia del partido a partir del momento en que De la Madrid demostró su plena obediencia a los dictados del Consenso de Washington. Aquéllos estaban en la posición correcta, mientras el gobierno de la República y su brazo político, se colocaban al lado de los enemigos del país con el fin avieso de avalar sus perversas intenciones. El argumento con el que justificaron su entreguismo fue la necesidad de modernizar las instituciones, sacarlas del marasmo en que habían caído después de medio siglo de continuo desgaste. Que era indispensable sacudirlas, darles un contenido acorde con las nuevas condiciones del país, era evidente. Pero hacerlo con propósitos progresistas, que permitieran mayores avances sociales y económicos; con objetivos claros a favor de las clases más desprotegidas. Que esa debió haber sido la estrategia del gobierno delamadridista, lo demuestra el afán de usar un lenguaje demagógico, dulce a los oídos de los grupos mayoritarios, mientras en los hechos se hacía todo lo contrario. Se acrecentaron los privilegios para la alta burocracia, lo mismo que las tasas de utilidades para los grandes empresarios, mientras que a la burocracia común se le despojaba de su escasa capacidad de ahorro, y a los pequeños, medianos y hasta grandes empresarios se les forzaba a la quiebra ante la ausencia de financiamiento y de incentivos fiscales.

Podría decirse que no fue fortuito que el sexenio de De la Madrid se caracterizara por ser el de menor crecimiento en la historia de México. Las altas tasas de inflación, que alcanzaron los tres dígitos, eran el mecanismo para despojar de sus ahorros a las clases medias y trasplantarlo a la nueva oligarquía financiera, la cual tomaba ese ahorro con el fin de ponerse a especular en los mercados de dinero, generándole beneficios extraordinarios. Esto lo vemos en una realidad muy concreta: México es el país en vías de desarrollo con más multimillonarios, esos que son enlistados anualmente en la revista *Forbes*, uno de los cuales es nada menos que el que ocupa el segundo lugar en esa lista, Carlos Slim Helú. La otra cara de la medalla son los más de 40 millones de mexicanos cada vez más pobres, al grado de que el número de quienes descienden a niveles de pobreza extrema, aumenta exponencialmente cada sexenio (véase el libro de José Luis Calva *México, más allá del neoliberalismo. Opciones dentro del cambio global*). A Miguel de la Madrid se debe, en buena medida, la pérdida de rumbo de una clase política enajenada por un ejercicio del poder completamente divorciado del pueblo. Lo que nunca antes había sucedido, ni siquiera en los periodos más acelerados de una marcha en reversa de lo que eran las metas trazadas por el constituyente en 1917, aconteció en la administración del abogado que se formó en una universidad pública, pero que acabó traicionando lo aprendido. Lo asombroso es que haya podido terminar su sexenio sin dramáticos alzamientos en las calles, y más aún que hasta haya podido imponer en el PRI al candidato continuador de la estrategia planeada por la Casa Blanca en Washington.

Es una cruel tomadura de pelo al país que el abanderado del PRI para suceder a De la Madrid haya sido Carlos Salinas de Gortari. Pero había que disciplinarse, nomás eso faltaba. Además, los priístas expulsados habían osado desenmascarar el juego perverso de Miguel de la Madrid, lo que significaba la peor indisciplina, pues al jefe del Ejecutivo no se le cuestiona, de acuerdo con las reglas no escritas del viejo sistema corporativista. La corrupción, el otro motor del mismo sistema, se puso en juego a todo lo que daba, así que pronto el partido fue acallado; se le puso, con los despliegues propagandísticos usuales, al servicio del candidato menos carismático y más distante de sus principios y plataforma, mientras que a la fracción expulsada, la encabezada por Cárdenas Solórzano, se le enviaba al infierno de la oposición, sin prebendas de ningún género.

La derecha seguía avanzando, con firmeza y sin tener que utilizar las armas, hacia objetivos que garantizaran su preeminencia en el futuro, gracias a los invaluables servicios de una clase política enquistada en el partido en el poder. Las contemporizaciones de cada sexenio con la oligarquía daban sus frutos, pero cada vez más costosos para las mayorías. Lo más dramático del caso es que en vez de reducir sus ambiciones, en la medida que obtenían beneficios más jugosos, los dueños de la riqueza en el país se volvían más y más exigentes, más y más ambiciosos, más y más distantes de los intereses nacionales. Esta actitud la favorecía una clase política sumamente complaciente y dispuesta a servir, mediante una participación en los beneficios del usufructo de la expoliación a la sociedad. Al fin y al cabo se contaba con suficiente experiencia, que venía de los tiempos del alemanismo, con altibajos sexenales, dependiendo del estilo personal de gobernar de cada inquilino de Los Pinos. El perfil ético de cada uno de ellos es lo menos relevante del asunto, pues la realidad del sistema acababa imponiéndose, dejando a los principios como algo estorboso, contrario al quehacer político.

El PRI se asemejaba a un gran roble de grueso tronco, que al paso de los años iba perdiendo lozanía y, por la fuerza de los vientos, cada vez se inclinaba más a su lado derecho. Ahora, ese frondoso árbol no es más que un arbusto dependiente del "jardinero" que lo riega, cuando le viene en gana hacerlo. Antes, cuando ese árbol no necesitaba de riego porque contaba con agua suficiente cerca de sus raíces, nadie se puso a pensar que la fuente del preciado líquido podía secarse, más aún porque se hizo un derroche absurdo del mismo, sin prever la necesidad de una fuente alterna, como la que pudo ser la representada por el Frente Democrático Nacional, que luego devino en el Partido de la Revolución Democrática, al sumar a corrientes de izquierda histórica cansadas de luchar como grupúsculos sin posibilidad de futuro. No deja de ser otra paradoja que el partido que había nacido amparado por principios éticos, se haya hecho del poder al perderlos totalmente, gracias a lo permisivo de una dirigencia priísta cegada por la corrupción. Lo curioso, e hilarante en este caso, es que esto lo previó el Presidente que más se significó por su ligereza y frivolidad: José López Portillo. Sus referencias al cinismo de la clase política no tienen desperdicio, hasta llegar a decir que el cinismo acabaría con el sistema. Con el paso de los años vimos que no fue así, el sistema político siguió vivo, aun cuando cada vez más carcomido y putrefacto.

Si las ambiciones de poder de Miguel de la Madrid fueron frenadas por su propia mediocridad, las de su sucesor fueron alimentadas por su desmesurada inteligencia, puesta al servicio de los peores intereses. Como secretario de Programación y Presupuesto, Carlos Salinas de Gortari tejió una red muy bien armada, que le permitió vencer a sus rivales, no obstante ser el precandidato con menos presencia de los que supuestamente contendieron por la candidatura del PRI. Vale decir supuestamente porque en la realidad, a partir del cuarto año de gobierno de Miguel de la Madrid, Salinas era el sucesor que contaba con la bendición de la oligarquía y, particularmente, de la Casa Blanca. Los compromisos adquiridos con unos y otros, eran su principal escudo para alcanzar la Presidencia de la República. Debía llegar a cualquier precio, aun a costa de un enorme derramamiento de sangre, que no se produjo finalmente porque no había las condiciones para un triunfo de las fuerzas populares. Así lo comprendió Cuauhtémoc Cárdenas, y se retiró de la lucha política activa, sin haber reconocido jamás el triunfo espurio de Salinas de Gortari. No se olvidará tampoco que su elección contó con el importante apoyo de la fracción más pragmática del PAN, la encabezada en su tiempo por Diego Fernández de Cevallos, militante de la ultraderecha desde su juventud, quien merced a ese decidido respaldo a Salinas vio subir sus bonos más allá de las nubes, situación que supo capitalizar hábil e inescrupulosamente.

Los excesos de Carlos Salinas en el ejercicio del poder, con la principal finalidad de consolidar la preeminencia de su grupo de interés, condujeron al PRI a un callejón sin salida. La esquizofrenia del sistema político se hizo evidente, pues el viejo corporativismo estaba obligado a apoyar los desmanes salinistas, aun cuando fueran hechos en su contra. Tal modo enfermizo de vida pública se puso en marcha desde los primeros días del gobierno, y se confirmó plenamente con el famoso "quinazo", el operativo policial-militar con el que se puso fin al cacicazgo del líder petrolero más influyente y carismático, Joaquín Hernández Galicia "La Quina", quien con su muy particular estilo había hecho del Sindicato Petrolero el ejemplo vivo de un corporativismo útil sobremanera al viejo sistema. Con eficacia sobrada había hecho de las regiones petroleras un factor real de poder del priísmo sobre bases sociales sólidas. En dos décadas había logrado construir un emporio productivo que permitía un nivel de vida superior al común de la población del país. En cada una de las regiones donde Pemex tenía instalaciones fabriles o de explotación del hidrocarburo, había integrado un sistema de cooperativas para producir bienes de consumo y una red de tiendas sindicales en las cuales se expedían dichos bienes a precios por debajo del comercio establecido. Beneficiarios de este sistema eran también pequeños y medianos productores de zonas agrícolas de diversas partes de la República, pues "La Quina" los refaccionaba para producir y les compraba sus cosechas, ambas medidas en condiciones más favorables que las instituidas por los organismos oficiales.

Tal era el fundamento que permitía la hegemonía del PRI en donde Pemex tenía presencia. El voto de las mayorías estaba asegurado en cada elección, sin necesidad de trampas ni medidas coercitivas. Se vivían en la práctica los beneficios sociales de un sistema corporativo exitoso que daba para todos, incluidos los excesos de líderes corruptos, como el brazo derecho de "La Quina", Salvador Barragán Camacho. Los problemas para Hernández Galicia comenzaron con la llegada a Los Pinos de Miguel de la Madrid, pues éste ordenó se dejará de invertir en tareas prioritarias de mantenimiento de las instalaciones petroleras, en donde tenía importante participación el sindicato. Con todo, lo más significativo de ese periodo fue que se dejó también de invertir en la industria petroquímica asociada a la paraestatal, con lo que se dio paso al enorme déficit posterior que desembocó en la importación de gasolinas, como sucede actualmente. Los avances en la construcción de plantas petroquímicas de la época de Echeverría y sobre todo de López Portillo, se perdieron lamentablemente, sin que eso le importara al entonces presidente De la Madrid, empecinado como estaba en cumplir su compromiso con Washington de privatizar, desde entonces, a la principal paraestatal mexicana.

Por eso no es de extrañar que meses antes de que finalizara la administración de De la Madrid, los enfrentamientos con "La Quina" fueran en aumento, hasta que el propio líder, en Palacio Nacional, con motivo de una audiencia a la organización sindical, con toda vehemencia le dijo al mandatario que si se hundía Pemex se hundiría también el gobierno. De la Madrid no respondió las amenazas, sólo hundió el mentón y ensombreció su mirada, pensando quizá en que su sucesor, menos escrupuloso y arrojado, se encargaría de pedirle cuentas al osado dirigente, como así fue. A los 10 días de su arribo a Los Pinos, Salinas ordenó la aprehensión de la dirigencia sindical encabezada por Hernández Galicia, para lo cual movilizó tropas del ejército, contraviniendo a la Constitución General de la República, poniendo en entredicho el sistema legal al poner en marcha un operativo a todas luces fraudulento, como lo demostraron los hechos jurídicos al paso del tiempo. Lo más grotesco del caso fue la "siembra" del cadáver de un ministro público fallecido más de 24 horas antes en Ciudad Juárez, en el quicio de la puerta de la casa de "La Quina", para acusarlo a él de homicidio. Una vez secuestrado el líder junto a varios de sus subalternos que pudieron ser detenidos, se inició el proceso de desmantelamiento de la organización sindical "quinista", para lo que se contó con el apoyo invaluable de la principal organización obrera, la Confederación de Trabajadores de México (CTM). Con su astucia e inteligencia habitual, el dirigente máximo de ésta, don Fidel Velásquez, aprovechó la ocasión para vender su capacidad negociadora al presidente Salinas. En las primeras horas después del hecho en Ciudad Madero, el anciano dirigente se mostró solidario con "La Quina" y amenazó con movilizar a la clase obrera. Luego de varias conversaciones privadas con Salinas, fue moderando su actitud hasta "lavarse" las manos y desentenderse del espinoso asunto.

Ciertamente, Salinas le cobró las cuentas pendientes al controvertido dirigente petrolero, pero a un costo extraordinario para el PRI, pues perdió el apoyo de los electores en las regiones petroleras, muy dolidos por la creciente pérdida de su poder de compra, por la baja incontrolable de su nivel de vida, por el desconcierto en que se les dejó al colocar en la dirigencia del sindicato petrolero a líderes más corruptos y sin ningún compromiso social, como el que siempre demostró tener "La Quina". Con el encarcelamiento de éste durante 11 años en el Reclusorio Oriente de la Ciudad de México, se aceleró la desnacionalización de Pemex, como lo evidencian los hechos, sin necesidad de privatizarla. Se demostró que el sindicato que encabezaba firmemente Hernández Galicia, era un escudo que favorecía la defensa de los intereses fundamentales de la empresa paraestatal: el puntual mantenimiento de las diversas instalaciones, la expansión de la empresa de manera que no se perdieran economías de escala, el control financiero de la misma por parte del Estado. Era inaceptable para los tecnócratas que una organización sindical actuara con la capacidad productiva demostrada hasta ese momento, y más todavía que tuviera independencia del gobierno merced a esa misma capacidad, que le aseguraba el apoyo no sólo de los trabajadores petroleros y sus familias, sino de amplios sectores involucrados con las muchas cooperativas sindicales diseminadas en el territorio nacional.

Ya desde el gobierno de Miguel de la Madrid se apuntaba la confrontación, pues el entonces Presidente tenía establecidos compromisos con grupos empresariales que le tenían puesto el ojo a Pemex. Mientras el sindicato pugnaba porque la empresa tuviera sus propios barcos para transportar el crudo, De la Madrid estaba comprometido con el empresario Isidoro Díaz para otorgarle tan jugosa concesión. Fueron meses de lucha para evitar que se diera un paso a todas luces contrario a los intereses de la paraestatal, sin que se lograran resultados favorables para el transportista, pero tampoco para el sindicato. Lo que sí se logró fue la pérdida de confianza mutua entre el jefe del Ejecutivo y "La Quina", situación que ya no se pudo revertir en todo el sexenio.

Capítulo VII

Un sexenio de nota roja

Puede afirmarse que el sexenio de Carlos Salinas de Gortari comenzó con fuerza en la "nota roja" (recuérdense los asesinatos de líderes sociales ligados al PRD o simples ciudadanos, nunca aclarados), y continuó por ese mismo camino hasta que finalizó, con la notable excepción de la firma, junto a los presidentes de Estados Unidos y Canadá, del Tratado de Libre Comercio (TLC) con ambas naciones, la joya de la corona de Salinas. Su puesta en marcha fue la culminación de un largo proceso de negociaciones, de las que sólo se informaba lo superficial para no entorpecer el trasfondo de las mismas, que al paso de los años se ha demostrado no fueron favorables a los intereses nacionales, sino para el Nuevo Orden Mundial preconizado por Bush padre. Salinas se permitió actuar con cinismo y desenfado en el terreno de la estrategia económica y de las alianzas políticas perversas, a las que era tan proclive, con el apoyo de la mancuerna PRI-PAN en el Congreso de la Unión. Las reformas a los artículos 27 y 130, fueron el golpe definitivo a la Carta Magna republicana y laica que firmaron los constituyentes. Con tales enmiendas reaccionarias se afianzaba el poder de los grupos más conservadores. Así les pagaba Salinas su respaldo en los momentos críticos del inicio de su cuestionado mandato. Lo más condenable, bajo cualquier punto de vista, fue que con la reforma al artículo 130 cerraba el capítulo trágico, por demás amenazante para un final exitoso del gobierno salinista, del homicidio del cardenal Jesús Posadas Ocampo, pues una parte del episcopado estaba dispuesta a no cejar en sus protestas por el crimen y exigir su esclarecimiento. Las increíbles concesiones otorgadas al clero político merced a dicha reforma, calmaron los ánimos vindicativos de la fracción más beligerante de la Iglesia católica. Ni siquiera en los tiempos negros de la dictadura de Porfirio Díaz, la cúpula clerical había recibido un trato tan amistoso, trato del que supo aprovecharse al máximo, como lo revela una reforma absolutamente contraria al espíritu y la letra de la Constitución original de 1917.

Vale añadir que los homicidios del entonces secretario general del PRI, José Francisco Ruiz Massieu, y del candidato del partido tricolor a la Presidencia de la República, Luis Donaldo Colosio, no opacaron del todo la información que lograba trascender sobre los problemas ligados con la expansión del narcotráfico, lo que demostraba un solapamiento del gobierno a la ilícita actividad. Sin embargo, todo lo anterior quedó en segundo plano ante el surgimiento en Chiapas del llamado Ejército Zapatista de Liberación Nacional (EZLN), el día 1o. de enero de 1994, el último año de la administración de Salinas. ¿Por qué se le dejó salir a combatir y ganar la batalla en los medios sabiendo el gobierno de su existencia? Esta es una pregunta aún sin respuesta. Lo cierto es que hay ejemplos de sobra, como notas informativas publicadas en la revista *Proceso*, de que venía actuando con el conocimiento de las autoridades militares, al sufrir incluso algunas bajas en diversas escaramuzas meses antes del alzamiento público. La campaña electoral de Colosio quedó a la deriva informativa gracias al surgimiento del EZLN, mientras el presidente Salinas rumiaba en silencio sus resquemores y odios viscerales. ¿Acaso sería esto precisamente, descobijar en los medios a Colosio, lo que se buscaba con el avasallamiento informativo de las huestes neozapatistas? En la realidad esto es lo que pasó, sin que nadie en el gobierno federal hiciera nada por contrarrestarlo.

El interregno que vivió el PRI los días que corrieron del 23 de marzo, cuando Colosio fue asesinado, al 28 en que rindió su protesta como candidato Ernesto Zedillo Ponce de León, no fue aprovechado por la oposición para desenmascarar los terribles juegos por el poder en el partido hegemónico. Sí lo hizo en cambio, demostrando su influencia, el singular jefe de asesores de Salinas, José Córdova Montoya, al colocar como sustituto de Colosio a su pupilo predilecto, el oscuro Zedillo. Contra todos los pronósticos, se impuso a los notables que pretendieron aprovechar el triste episodio para ganar espacios públicos. Hasta el ex presidente Echeverría hizo declaraciones, quién sabe con qué intención, en las que mostraba sus simpatías por Emilio Gamboa Patrón, a la sazón secretario de Comunicaciones y Transportes. Algunas fracciones priístas ubicadas en la CTM y en la CNOP se inclinaban por Fernando Ortiz Arana, entonces líder de la bancada del PRI en la Cámara de Diputados, quien llegó al extremo de participar en un mitin de apoyo, que le ganó el odio de Salinas y fue defenestrado. Lo que se patentizó una vez concluida la etapa de emergencia, fue que el partido mayoritario estaba divorciado de sus organizaciones corporativas.

Obviamente, las consecuencias para el PRI de todo el episodio fueron calamitosas en extremo. El candidato sacrificado había logrado, en tan sólo tres meses de campaña desangelada, hacer renacer la esperanza en militantes de base a lo largo y ancho del territorio nacional, gracias a un discurso que retomaba las tesis y principios originales del partido, con énfasis en el imperativo de impulsar un verdadero desarrollo social y la democratización de la vida nacional. Mucho se ha especulado sobre la importancia que tuvo el discurso que pronunció Colosio el 3 de marzo, en la explanada del PRI, cuyas críticas al neoliberalismo confirmaron la decisión de asesinarlo. Con todo, los hechos comprobables con una revisión hemerográfica, demuestran que su candidatura no era ya bien vista en algunos círculos del gobierno, por lo que la campaña más bien parecía la de un candidato de la oposición. Tanta era la falta de respaldo real, que no hubo dificultades para cometer el homicidio en un lugar que a todas luces era por demás inseguro. Desde un principio, esa misma noche, se quiso hacer creer la versión del "asesino solitario". A ello se vio forzado el entonces procurador general de la República, Diego Valadés, jurista honorable y de prestigio, quien posteriormente calló ante las muchas evidencias de un complot detrás del crimen. *El Universal*, dos semanas después, publicó un amplio reportaje en el que los dos corresponsales en Tijuana desentrañaban la trama del homicidio. En dicho trabajo periodístico, que paradójicamente les valió la obtención del Premio Nacional de Periodismo, entregado por el propio presidente Salinas en una ceremonia en Los Pinos, se ofrecían testimonios que desenmascaraban a los principales participantes materiales en el crimen, lo que obligó a su aprehensión y enjuiciamiento. Los hechos jurídicos posteriores condujeron el asunto de manera que sólo quedara como asesino solitario el Aburto que sigue en prisión. Los involucrados en el crimen por el diario pasaron al olvido por muerte natural o por otras causas no del todo claras.

Lo más asombroso del trágico episodio fue que Zedillo ganara las elecciones con una amplia votación, luego que se retirara de la contienda el abanderado del PAN, Diego Fernández de Cevallos, después de haber ganado de punta a punta el debate televisivo. Su renuncia como candidato panista tomó a todo mundo por sorpresa, cuando parecía consumado su triunfo luego de una exitosa campaña y la demostración plena de su capacidad para superar, en el debate, a sus rivales Zedillo y Cárdenas. Se dijo que su salida de la contienda había sido por cuestiones de salud, cosa que nadie creyó, sobre todo al recordar que el queretano, como líder de la bancada del PAN en la Cámara de Diputados, había prestado valiosos servicios al PRI, particularmente la quema anticipada de las boletas electorales para evitar su conteo y así asegurar el triunfo de Salinas sobre Cuauhtémoc Cárdenas, en la que fue su primera participación como candidato presidencial. ¿Por qué ganó Zedillo después del terrible sacudimiento que sufrió el PRI? Una respuesta valedera sólo podría darse después de un profundo análisis psicoanalítico a los electores. Lo cierto es que se demostró la efectividad de la estratagema del miedo antes de las elecciones. Que fue legítimo su triunfo no se puso en duda, pues para entonces se habían dado pasos sustantivos en materia de transparencia electoral con la conformación y puesta en marcha de una legislación concienzuda que llevó a la creación del Instituto Federal Electoral, que en su primera etapa funcionó correctamente, al contar con miembros que actuaron con imparcialidad y honestidad comprobada.

Capítulo VIII

"Docena trágica"... para el pueblo

Los fundadores del PAN nunca se imaginaron que su partido llegaría a Los Pinos, pues la toma del poder no fue su objetivo central, como lo deja ver su Declaración de Principios, sino ser los jueces implacables que juzgarían con mano impoluta a los políticos en el ejercicio de sus funciones. Tal modo de pensar se modificó en la medida que se fue perdiendo el compromiso ético con la doctrina ideológica de sus fundadores, principalmente Manuel Gómez Morín y Efraín González Luna. Con todo, el factor que más influyó en ese cambio fue que el PRI iba perdiendo su funcionalidad como ente político al servicio de los grandes empresarios. Esta situación se manifestó con toda claridad en el periodo presidencial de Luis Echeverría, cuando su hiperactividad lo condujo a enfrentarse con el Grupo Monterrey, luego del homicidio del patriarca del grupo, don Eugenio Garza Sada, al fallar el intento de secuestro por una célula guerrillera. A partir de entonces termina la relación de valores entendidos entre empresarios y gobierno, para dar paso a la formación de organismos propios que llevaran a cabo tareas de adoctrinamiento y de gestión, como el Centro Integral de Desarrollo Humano, A.C. (CIDHAC). Paulatinamente, los empresarios más influyentes se fueron apartando de los viejos esquemas del juego político con la clase gobernante, al perder la confianza en un mandatario voluntarioso al que no dudaron en calificar de populista, aun cuando no fuera más que un demagogo movido por sus desórdenes de personalidad.

Es una paradoja más que al finalizar el sexenio de Echeverría la cúpula empresarial se fortaleciera, cuando el gobierno aparentemente había trabajado para debilitarla. Los medios daban cuenta un día y otro de los enfrentamientos verbales entre el mandatario y los representantes de los empresarios, crisis que sin embargo no se mostraba en el terreno económico, pues el dinero seguía fluyendo hacia los negocios de aquéllos, aunque para ello hubiera necesidad de endeudar las arcas nacionales con fuertes préstamos de la banca internacional, que se sumaban a la onerosa práctica de imprimir billetes para satisfacer los caprichos políticos del entonces Presidente, de ahí su bien ganada fama de populista. Por eso, al finalizar el gobierno de Echeverría, la desconfianza de los empresarios era manifiesta, motivo por el que dieron pasos firmes para contar con armamento institucional que les permitiera estar a salvo de los vaivenes sexenales. Tal actitud defensiva se fortaleció con la llegada a la presidencia de José López Portillo, quien durante los tres primeros años de su mandato mostró el lado positivo de su personalidad, en tanto que los tres finales dieron paso al "Mr. Hyde" que permanecía oculto debajo de su carisma y grandes dotes intelectuales. Con todo, la relación se mantuvo a flote gracias a la abundancia de recursos financieros debido a los altos precios que alcanzó el petróleo en los años 1979 y 1980, recursos que abultaron grandemente las cuentas bancarias de los mismos empresarios que en privado despotricaban contra el mandatario.

La "docena trágica", como dieron en calificar a los gobiernos de Echeverría y López Portillo, lo fue para el PRI finalmente. El fracaso de los presidentes con más posibilidades de llevar al sistema político a metas más altas, abrió las puertas a una tecnocracia comprometida con el recién creado Consenso de Washington, brazo ejecutor del Nuevo Orden Mundial. Al interior del partido no hubo la mínima resistencia para evitar la desviación estructural que se estaba incubando desde la Casa Blanca. El desconcierto de la clase política era total, no sólo por el fracaso del dueto de grandes demagogos, sino por la ausencia de un liderazgo como el que se requería en una situación tan inédita. El colmo fue la estatización de la banca nacional, decretada en el último informe de López Portillo, medida inesperada que tomó por sorpresa tanto al Presidente electo, Miguel de la Madrid, como a los propios empresarios. Si la fuga de capitales había sido constante en los últimos dos años del gobierno, con ese anuncio se acrecentó, obligando a De la Madrid a tomar compromisos más costosos para el país. A partir de entonces, se hizo más que evidente la ruptura entre la vieja clase política sostenida por el PRI histórico y la que llegaba con los tecnócratas, afines al neoliberalismo por el que tanto habían pugnado los militantes del PAN, sin tener una idea clara de que así le allanaban el camino a las sociedades secretas que propugnan por el Nuevo Orden Mundial.

Pronto, los acontecimientos dieron la razón a lo dicho por López Portillo, de que él era "el último Presidente de la Revolución mexicana". Ningún mandatario latinoamericano se mostró más disciplinado y obediente a los dictados del Consenso de Washington que el mexicano. Para ello contaba con un equipo de brillantes economistas, liderado supuestamente por el entonces secretario de Programación y Presupuesto, Miguel de la Madrid, pero en los hechos por Carlos Salinas de Gortari, absolutamente desligados de todo compromiso con el país, como acabó demostrándolo la realidad. El de Miguel de la Madrid fue el gobierno con menor crecimiento económico hasta la fecha, al igual que el del más incapaz mandatario que han conocido los mexicanos, Vicente Fox. Esto, el nulo crecimiento, no fue fortuito, sino condición impuesta desde la Casa Blanca con el fin de apuntalar la estrategia del Consenso de Washington, orientada a la acumulación de capital con fines especulativos y altas tasas de ganancia para la banca acreedora internacional, de la que son accionistas principales algunos líderes políticos del Grupo de los

Siete. De ahí la pérdida creciente de poder adquisitivo del salario, la inflación de tres dígitos, el señuelo de las tasas de interés que condujo al *crack* de 1987, el freno a la inversión en Pemex y su inicial desmantelamiento para propiciar su privatización, entre otras muchas medidas tendientes a debilitar la rectoría económica del Estado mexicano. La derecha tomaba el poder con ropaje priísta, sin tener que derramar una gota de sangre. La "gente decente" del PAN no se ensuciaba las manos para empezar a disfrutar los beneficios de un poder compartido con la cúpula gobernante. Los panistas consecuentes, en cambio, abandonaron el partido, asqueados de ver la traición de aquéllos a los principios con tal de conseguir migajas de poder. Entre los más destacados de ese grupo están Pablo Emilio Madero†, Jorge Eugenio Ortiz Gallegos, José González Torres†, Bernardo Batis y Jesús González Schmal.

Esto lo hacía posible la falta de una izquierda fuerte, bien organizada, con visión clara de las cosas. Sumida en sus dogmas y mezquindades, nunca estuvo a la altura del compromiso que le deparaba la historia, de servir de muro de contención a las ambiciones desmedidas de una élite gobernante, cómplice de los más nefastos intereses contrarios al país. Acostumbrada a vivir en la clandestinidad, la tomó por sorpresa la reforma de Jesús Reyes Heroles que abrió las puertas de la legalidad a todas las corrientes políticas, siempre y cuando aceptaran las reglas de juego del sistema priísta. El viejo Partido Comunista Mexicano (PCM) no se avino fácilmente al cambio y sus dirigentes comenzaron a caminar por la senda de la legalidad con traspiés, atentos más a la doctrina que a la realidad. Para Arnoldo Martínez Verdugo, dirigente nacional en ese momento, no fue fácil imponer su liderazgo, metido el partido como estaba en la pugna ideológica entre la Unión Soviética y la República Popular China. No se valoró entonces la trascendencia de la apertura de un resquicio por el cual actuar abiertamente, en busca de mejores oportunidades de desarrollo propio. Lo que hacía falta era unir fuerzas, desperdigadas estérilmente en esa pugna ociosa de carácter más filosófico que político, misma que era aprovechada por las oficinas de inteligencia de Occidente. No se logró esa indispensable unidad de la izquierda, acostumbrada a vivir fraccionada en grupúsculos, si no es que en células casi invisibles.

Todo el sexenio de López Portillo, y lamentablemente el de Miguel de la Madrid, se perdieron para la izquierda marxista en discusiones absurdas por la legitimidad de sus respectivas posturas ideológicas marcadas por la pugna entre chinos y soviéticos. La izquierda heredera de la Revolución mexicana, por su parte, estaba liquidada por su inactividad y falta de compromiso con ella misma, ya no digamos con el pueblo. Sin embargo, a ésta le correspondió finalmente el mérito de aprovechar la coyuntura que se presentaba a la izquierda con la bancarrota del régimen de Miguel de la Madrid, cuando a sus legítimas exigencias de enderezar el rumbo de la traición que seguía, el Presidente respondió con la expulsión de los osados impugnadores, encabezados por Cuauhtémoc Cárdenas Solórzano, Porfirio Muñoz Ledo, Rodolfo González Guevara y Andrés Manuel López Obrador, entre otros priístas menos conspicuos. Para competir electoralmente organizaron el llamado Frente Democrático Nacional, que logró sumar a corrientes de izquierda de diferente signo y procedencia. Nunca antes se había visto tal conjunción de fuerzas progresistas, o de franco carácter oportunista, como la liderada por Rafael Aguilar Talamantes, luchando codo con codo para aprovechar la debacle de un gobierno firmemente comprometido con intereses ajenos al país.

La ruta estaba bien trazada por la Casa Blanca y no era cosa fácil salirse de ella. El gobierno de De la Madrid fue obsecuente hasta el final, lo que le redituó firmes apoyos de la cúpula empresarial, ampliamente beneficiada con su política económica. Con todo, lo que más contribuyó al éxito del fraude electoral auspiciado por el mandatario, fue la disciplina que en todo su sexenio mostró a los dictados del Fondo Monetario Internacional y del Banco Mundial, verdaderos artífices del Consenso de Washington. El candidato del PRI no podía ser otro que Carlos Salinas de Gortari, quien con gran habilidad había demostrado ser el continuador idóneo de las estrategias puestas en marcha por De la Madrid. Su contendiente, amparado por el Frente Democrático Nacional, debía ser Cuauhtémoc Cárdenas Solórzano, quien desde un principio marcó su distancia con el régimen priísta en descomposición. Que la ciudadanía estaba consciente del imperativo de reivindicar el papel de la sociedad desposeída, lo demostró el éxito de los actos de campaña en todo el país. Nunca antes un candidato había hecho un trabajo proselitista tan vigoroso, recorriendo el territorio nacional en toda su extensión, acercándose a la gente para conocer de viva voz sus problemas. Por su parte, el abanderado priísta, como nunca antes también, arrancaba su campaña con toda la fuerza del gobierno amparándolo y promoviéndolo. Mientras Salinas de Gortari contó con cuantiosos recursos económicos para pagar costosa propaganda en los medios electrónicos, a Cárdenas Solórzano le sobraron energías y entusiasmo para recorrer el país y realizar concentraciones masivas que daban cuenta de su plena aceptación por la ciudadanía.

Se vivió en esos meses, noviembre y diciembre de 1987 y los cinco primeros de 1988, una paradoja más, demostrativa de que la historia contemporánea la escriben quienes controlan los medios. En efecto, mientras el FDN arrasaba en las calles, pronosticando un triunfo electoral sin precedente, el PRI continuaba su táctica sobada de los acarreos, pero con un gran despliegue en la televisión y la radio, lo que permitiría justificar el fraude que se estaba maquinando; engañar, si fuera necesario, a ciudadanos desinformados, y sobre todo a observadores extranjeros atentos a contar con argumentos para documentar la derrota de la oposición. Aun así, como está bien documentado, no fue fácil ejecutar un fraude creíble. Nunca se sabrá la verdad sobre los votos emitidos, pues desde horas antes de terminar el conteo, De la Madrid ordenó a su secretario de Gobernación, Manuel Bartlett, hacer algo para evitar un colapso. Lo que se le ocurrió a éste fue la famosa "caída del sistema" de cómputo, que finalmente cerró la posibilidad de triunfo a Cárdenas, lo que se afianzó semanas después al ser quemadas las boletas electorales en los sótanos de la Cámara de Diputados, maniobra a la que se prestó el líder de la fracción panista en ese momento, Diego Fernández de Cevallos.

Capítulo IX

La docena tragicómica

Si al periodo gubernamental de Echeverría y López Portillo se le llamó por la cúpula empresarial "La docena trágica", a los gobiernos de Salinas y de Zedillo bien podía bautizárseles como "La tecnocracia tragicómica". En efecto, ambas administraciones se caracterizaron por el cúmulo de tragedias durante esos años, que enlutaron a cientos de hogares directamente, e indirectamente a miles, por la ferocidad con la que fueron puestas en práctica medidas neoliberales, pero con un desenfado y cinismo que rayó en humorismo involuntario. ¿Acaso no mueve a risa el operativo con el que quiso justificarse la aprehensión de Joaquín Hernández Galicia, "La Quina", al haberse depositado un cadáver ya tieso de un funcionario ministerial en la puerta de su casa?, ¿no es motivo de risa nerviosa, y luego llanto histérico, el sadismo con el que se manejó el rescate a los bancos a través del Fobaproa, en grave detrimento de la economía nacional?, ¿y qué decir del llamado "error de diciembre", que Salinas quiso endilgarle a su sucesor, cuyo costo fue de 50,000 millones de dólares que el presidente Clinton prestó a México, quedando Pemex como garantía? En honor a la verdad, tan terrible desaguisado a la nación, se pudo resarcir, con los consabidos costos financieros, gracias a la habilidad de Zedillo, quien resultó mejor administrador que su antecesor y, desde luego, mucho menos tortuoso. Esto le valió la aceptación de los círculos financieros internacionales, el beneplácito de la Casa Blanca y el irrestricto apoyo de la élite empresarial, cosas que no esperaba Salinas de Gortari llegaran a ocurrir, ansioso como estaba de seguir gobernando a tras mano de su sucesor.

El que no haya podido hacerlo, como se evidenció desde los primeros meses del mandato de Zedillo, una vez que superó los primeros obstáculos en su camino, debe haber sido el motivo real de la ruptura formal entre ambos. ¿Acaso no fue un acto grotesco, de risa loca, la supuesta "huelga de hambre" que Salinas fraguó apostándose en una casa de una colonia humilde de Monterrey, como protesta porque no se aceptó que el "error de diciembre" fuera de Zedillo? Posteriormente vendría la aprehensión del "hermano incómodo", Raúl Salinas de Gortari, bajo la acusación de ser el autor intelectual del homicidio de José Francisco Ruiz Massieu, lo que a los ojos de la opinión pública selló el distanciamiento definitivo entre ambos. Sin embargo, aún está por dilucidarse el trasfondo real del encarcelamiento de aquél, toda vez que no había pruebas contundentes que justificaran legalmente el juicio al hermano Raúl. No hay que perder de vista, tampoco, que la impunidad del Presidente, una vez fuera del poder, y de sus familiares cercanos, era una regla no escrita del sistema político priísta. Es difícil de aceptar que Zedillo la rompiera así como así, sobre todo cuando se afectaba a uno de los ex presidentes con mayor grado de perversidad que recuerde la historia.

Salinas acabó aceptando su derrota política y se autoexilió del país durante el gobierno de Zedillo, quien se dedicó con ahínco a demostrar con hechos que la tecnocracia es consustancial al neoliberalismo. Desde el punto de vista de los acreedores internacionales y de la Casa Blanca, su administración fue la más exitosa del periodo final del PRI neoliberal. En la práctica demostró que su guía y protector, José Córdoba Montoya, no se equivocó al asegurarle la candidatura presidencial, una vez asesinado Colosio. Su gobierno se significó por la eficacia administrativa y el empeño en lograr equilibrios financieros que permitieran márgenes de maniobra perdidos por el "error de diciembre". Como siempre había sucedido, las que acabaron pagando los costos fueron principalmente las clases medias, que vieron reducirse una vez más su poder de compra, sus expectativas de mejoramiento social, sus posibilidades de generar ahorro.

Capítulo X

Un sepulturero sin opciones

La base priísta no le perdonó a Zedillo haber aceptado tan fácilmente la derrota del PRI en los comicios de julio de 2000. Hubo quienes lo calificaron de traidor, de panista emboscado, cuando pasadas las 10 de la noche del día de las elecciones, en cadena nacional reconoció al candidato del PAN, Vicente Fox Quesada, como el virtual ganador del proceso. Así cortó de tajo cualquier tentación del equipo de Francisco Labastida por declarar vencedor a éste, y de ese modo iniciar un conflicto poselectoral de consecuencias muy graves. De inmediato comenzaron los rumores sobre el inédito proceder del Presidente de la República, que ponía fin a la hegemonía del partido único y abría expectativas a una alternancia de alcances insospechados. Llegó a decirse que había recibido órdenes directas del presidente Clinton para actuar de ese modo, hartos los poderes fácticos de Washington de seguir tratando con una camarilla de políticos corruptos, reacios además a seguir al pie de la letra todos los dictados de la Casa Blanca. ¿Acaso esa camarilla no seguía tratando a Fidel Castro con deferencia y hasta no tan oculta admiración? Era el momento de poner fin a esto, obligando a Zedillo a ceder a presiones orientadas a cambiar de una vez tal realidad. ¿No se le había sacado del dramático atolladero que significó el error de diciembre? Pues a cobrar el favor, no faltaba más.

Como haya sido, el hecho es que a Zedillo no le quedó más remedio que reconocer la victoria de Fox, cuando ya las huestes priístas lo tenían todo preparado para exaltar el "triunfo" de Labastida. Éste acabó aceptando su derrota, como un último favor al jefe del sistema político al que todo le debía. Con todo, los escasos cinco puntos de diferencia entre uno y otro, demostraron que seguía funcionando bien la maquinaria electoral del PRI. Lo que al antes "partido aplanadora" le faltó fue un candidato del mismo perfil del panista, a quien le sobraron arrestos para convencer al electorado indeciso de ser el mejor en la contienda. Podría decirse que nunca antes el PRI se había enfrentado a una oposición tan bien representada, no sólo por lo que se refería a Vicente Fox, sino por los recursos con que éste contaba a través de los "Amigos de Fox", agrupación paralela al partido mediante la cual recabó dinero muy por encima de lo permitido por la ley electoral, como lo reconoce el propio Fox en su libro, publicado en inglés (*of course*) *Revolution of hope*. El monto total recaudado jamás podrá saberse, lo cierto es que los responsables de dicha agrupación, particularmente Lino Korrodi, acabaron peleados con Fox, al grado de acusarlo de "corrupto", "inepto", "malagradecido". Por algo será que ni siquiera Marta Sahagún, predispuesta a salir en defensa de su marido a la menor provocación, no diga ni un ay en referencia a las palabras de su ex amigo.

A la tibieza de Labastida durante la campaña, la acompañó siempre el cansancio de los priístas de viejo cuño, decepcionados por no ser tomados en cuenta. El aparato electoral del partido actuó por inercia, demostrando por última vez la habilidad de los dirigentes de los tres sectores para operarlo, especialmente la CNC y la CTM. Es presumible que de no haber sido por tal capacidad operativa, la derrota de Labastida hubiera sido catastrófica, hasta quedar en un tercer sitio, después del abanderado del PRD, el mustio Cuauhtémoc Cárdenas Solórzano. El presidente Zedillo se mostró neutral desde el inicio del proceso, sin dejar por ello de cumplir acuerdos preestablecidos con el PRI. Nunca antes, sin embargo, se había visto que el jefe del partido en el poder mostrara un comportamiento tan apegado a las reglas, escritas y no escritas, de un proceso electoral, que culminaría la noche de los comicios con el reconocimiento de la derrota de su partido. ¿Tal era el costo por haberse abierto el régimen priísta al mundo, tanto con el TLC como con la participación de México en las filas de la OCDE? Así se cerraba el círculo mediante el cual la extrema derecha tomaba el poder político, una vez logrado el aseguramiento del usufructo de la economía con la medida más impopular del gobierno de Zedillo, la creación del Fondo Bancario de Protección al Ahorro, el Fobaproa, con el que los banqueros surgidos del salinismo resarcieron todo tipo de supuestas pérdidas surgidas con el desbarajuste del manejo sin control de las tarjetas de crédito, que en la realidad significó el más cuantioso robo hecho por el sector financiero al ahorro de las clases medias. El pretexto no podía ser más noble: "garantizar el dinero de los ahorradores", pero lo que se garantizaba en los hechos era la impunidad de un selecto grupo de neobanqueros para saquear una vez más a la nación.

Capítulo XI

Una oposición irresponsable

El PAN de Vicente Fox sacó al PRI de Los Pinos, pero negó la entrada a los panistas históricos o doctrinarios, con quienes nunca se llevó bien. Esto no importó en un principio, pues por fin se había logrado el tan ansiado objetivo de alcanzar la Presidencia de la República. Las campanas de todas las iglesias del país blandieron sus badajos con entusiasmo inenarrable. No era para menos: ¡uno de los suyos estaba sentado en la silla presidencial! La luna de miel con los sectores de la ultraderecha no podía ser más abierta, pues desde un principio Fox demostró su evidente incapacidad para quedarse callado. Es válido recordar que en la misma ceremonia de toma de posesión en la Cámara de Diputados, rompió las reglas del honorable recinto saludando antes que a nadie a sus hijos con un coloquial "hola fulano", "hola sutano". Allí mismo, al final de la ceremonia, una de sus hijas le hizo entrega de un cuadro con la imagen de la Virgen de Guadalupe. Sin embargo, el presidente de la mesa directiva no metió al orden al nuevo mandatario, reconvenirlo al menos para que cuidara su comportamiento, lo que marcó el tipo de relación que tendrían durante el sexenio Fox y el Congreso federal. A los legisladores panistas lo que les interesaba era disfrutar su nueva situación, dejando a Fox hacer lo que le viniera en gana.

Que podía hacerlo no cabía duda, pues para ello contaba con el invaluable respaldo de Marta Sahagún, la ambiciosa mujer que lo acompañó prácticamente en calidad de vicepresidenta. Ésta lo arropó y condujo hacia el éxito mediático desde los tiempos en que fue gobernador de Guanajuato, como lo acepta el propio Fox en el libro mencionado, y de amantes a la luz del día terminaron casándose al cumplirse el primer aniversario del triunfo de Fox en las urnas. A partir de ese momento, protegida por las leyes civiles y eclesiales, se dedicaría literalmente a administrar no sólo la casa presidencial, sino todo el aparato gubernamental, dejando a Fox en calidad de vicepresidente responsable de firmar documentos y, lo más importante, de jefe de campaña en busca de la candidatura para relevarlo en Los Pinos. En los hechos, Fox demostró tomar muy en serio su papel de promotor de su consorte, en detrimento de sus otras funciones, lo que empezó a marcar un divorcio irrevocable con sus mismos compañeros de toda la vida, como Lino Korrodi y José Luis González, "El Bigotón", quien moriría meses después de causas naturales que no fueron suficientemente explicadas.

Lo paradójico es que mientras "la pareja presidencial", como gustaban ser llamados, demostraba sus ambiciones de poder transexenal y su nula capacidad para gobernar, el PRI seguía rumiando su derrota sin hacer siquiera el intento de aprender a ser una oposición responsable. Nunca, durante todo el sexenio de Fox, los priístas actuaron con sentido político, con el fin de aprovechar las muchas oportunidades que el mandatario les daba para estructurar una oposición inteligente. Podría explicarse tal actitud en que durante siete décadas estuvieron obedeciendo órdenes del jefe real del partido y de las demás instituciones del aparato gubernamental. Les era imposible, por lo que se vio en los hechos, actuar *motu proprio* aun cuando en ello les fuera la vida. Por otra parte, con tal de evitar que el PRD acrecentara su poder, siempre se mostraron los priístas dispuestos a servir de alfil de las iniciativas de Fox, situación que el PAN supo aprovechar a cabalidad. La alianza PRI-PAN se afianzó, con singular pragmatismo influido por la corrupción, con resultados a todas luces adversos al antes partido hegemónico. De ahí el rotundo fracaso de Roberto Madrazo como abanderado del PRI, papel que desempeñó con una mediocridad peor que la mostrada seis años antes por Labastida Ochoa.

El papel de la líder real del Sindicato Nacional de Trabajadores de la Educación SNTE, Elba Esther Gordillo, en el proceso de debilitamiento del PRI, fue decisivo. Su frase propagandística "¿Tú le crees a Madrazo?... yo tampoco", tuvo enorme resonancia en el país. El miedo que le demostró tener la cúpula del PRI fue factor primordial para que "La maestra" actuara con absoluto desparpajo, hasta crear su propio partido político, el Partido Nueva Alianza, el Panal. Entonces no hubo más remedio que expulsarla del PRI, aun cuando en los hechos ella estaba autoexcluida del mismo, para establecer una sólida alianza con la entonces poderosa "pareja presidencial", y servir a sus intereses.

Capítulo XII

Práctica viva, confundir efectos con causas

La última paradoja, hasta el momento, es el triunfo cuestionado del abanderado panista en los comicios del 2 de julio de 2006. Nunca se tendrá la certeza jurídica de la victoria legal de Felipe Calderón Hinojosa, pues el PAN se negó rotundamente al conteo voto por voto como lo exigían el PRD y su candidato, Andrés Manuel López Obrador, luego de haberse dado todos los pasos ordenados por la legislación electoral vigente para definir a un ganador. Finalmente, el Tribunal Electoral del Poder Judicial de la Federación reconoció el triunfo de Calderón por medio punto de diferencia, lo que acentuó el descontento de las huestes perredistas. Con tal resultado era imposible evitar un conflicto como el que se suscitó, al reconocer el propio tribunal las anomalías que tanto había venido denunciando el PRD, como la constante intervención del presidente Fox a favor de Calderón, la parcialidad de un Instituto Federal Electoral manipulado por nada ocultos poderes fácticos, entre los que destacó en todo momento el sindicato de maestros liderado por la profesora Gordillo, así como los ilegales apoyos de reconocidos empresarios a la campaña del PAN. Mientras tanto, el abanderado del PRI, Madrazo Pintado, se escabullía por la puerta trasera una vez aceptado el triunfo de Calderón, dejando en la orfandad a su partido.

En cambio, López Obrador se erigía como el caudillo de una causa perdida que acabó desgastándolo. De víctima de un proceso amañado pasó a villano de un conflicto que enardeció las buenas conciencias de las clases medias indecisas. Los casi tres meses que duró el plantón de miles de seguidores del tabasqueño en Paseo de la Reforma, fueron aprovechados, con habilidad y cuantiosos recursos, para debilitar su imagen y colocarlo como un político sediento de poder, incapaz de someterse a las instituciones. El duopolio televisivo encontró una mina de oro virtual con la explotación de una propaganda adversa a López Obrador, quien siguió en su actitud rebelde, hasta el extremo de ser investido como "presidente legítimo" por su partido, en un mitin masivo en pleno zócalo capitalino. Así se daba cauce a la impotencia generada por el cinismo de una "pareja presidencial" frustrada y envilecida; lo primero, por no haber podido culminar su "proyecto" de que Marta Sahagún fuera la sucesora de su marido en Los Pinos; lo segundo, por las muchas evidencias de corrupción en el ejercicio del poder de ambos cónyuges.

El conservadurismo de la sociedad mexicana se confirmó una vez más al no comprenderse el trasfondo real de la situación que vivió el país durante el proceso electoral que culminó con un conflicto inédito. Ciertamente, mucho ayudó para este resultado la actitud demostrada por el abanderado del PRD, incapaz de aceptar críticas y comentarios que no alimentaran su soberbia. En vez de participar en el proceso electoral bajo protesta, al ser informado de los abusos y excesos de un Presidente minimizado por sus alianzas con grandes empresarios, dispuesto a todo con tal de cerrar la puerta de la Presidencia del país a López Obrador, permaneció fiel a su seguridad subjetiva de un triunfo inobjetable. No le faltaba razón para semejante seguridad, como lo demostraron los resultados finales después de haberse cubierto los pasos ordenados por la ley electoral: apenas medio punto de diferencia, poco más de 200,000 votos, cuando habían sido eliminados del conteo más de 900,000 por diversas anomalías que nunca fueron plenamente explicadas. Esto no lo vieron las buenas conciencias, asustadas finalmente por el comportamiento "subversivo" de López Obrador. Si se habían atrevido a votar por el tabasqueño el 2 de julio, para diciembre se avergonzaban de ese voto, con el peregrino argumento de que los panistas tenían razón al haber denunciado todo el tiempo las ambiciones del tabasqueño. El efecto se tomaba como causa, actitud alimentada por el conservadurismo acomodaticio, reacio a convalidar comportamientos que le exigen definirse y salir de su apoltronamiento, como lo estaba haciendo López Obrador.

No se alcanzó a comprender que la rebeldía del tabasqueño, justificada ética y socialmente, es la consecuencia de un proceso absolutamente amañado, con el propósito de mantener la preeminencia de grupos de interés cargados de privilegios que quieren seguir disfrutando y agrandando. No se comprendió que un comportamiento sumiso, como el que mostró en 1988 Cuauhtémoc Cárdenas Solórzano luego de haber sido despojado de su triunfo, sólo sirvió para que Salinas actuara sin los necesarios contrapesos políticos que evitaran los excesos en que incurrió durante su gobierno, que tanto daño causaron al país. La fuerza electoral del Frente Democrático Nacional se desvaneció junto con la figura del líder, quien decidió retirarse a la vida privada dejándole el camino desbrozado a su rival en las urnas. Esta experiencia no la quiso repetir López Obrador, a un costo para él que puede ser muy alto: quedar invalidado para repetir como candidato de su partido en los comicios del año 2012, por el excesivo desgaste que le significa mantener una oposición activa. Tal activismo, hasta lo que llevamos recorrido en este 2007, lo puede sobrellevar dos o tres años, tomando en cuenta el desgaste del presidente Calderón, imposibilitado como se le ha visto, de actuar positivamente con el fin de apuntalar su mandato.

Por otro lado, el activismo de la ex pareja presidencial se mueve en dirección contraria a la que lleva la administración de Calderón, pues aquéllos actúan con el firme propósito de salvaguardar sus intereses, que no son los del actual inquilino de Los Pinos. Tal antagonismo, más temprano que tarde tendrá que desembocar en un rompimiento, que podrá ser negociable en la medida que Calderón quiera correr el riesgo de frenar el activismo de Vicente Fox y de su esposa. El ex mandatario ha sido hasta insultante con su sucesor, al machacar la versión, cuantas veces se le presenta la oportunidad, de que el triunfo de Calderón es obra de él, sin que le importe convalidar, así, los argumentos del PRD respecto a que Calderón es un gobernante espurio. Esto patentiza la necesidad de que tome distancia de Fox, cosa que no ha hecho en lo que lleva de su gobierno. Sin embargo, de conformidad con la experiencia histórica, no sólo aquí sino en otras naciones, tendrá que dar ese paso inevitable. El riesgo para la sociedad mexicana es que quiera darlo haciendo compromisos que llegaran a lesionarla, como en su momento lo hizo Salinas de Gortari.

Es obvio que en su papel de "partido bisagra", el que actualmente tiene, el PRI no podrá ganar los espacios que le hacen falta para recuperar el terreno perdido. Su alianza con el PAN lo ha desdibujado tanto que parece un ente invisible. De seguir como va, podría llegar el momento en que de partido autónomo pase a ser un grupúsculo más de la derecha, pues para entonces los militantes consecuentes con su ideología y compromisos históricos, habrán pasado a engrosar las filas del partido que tenga más capacidad para liderar a las clases mayoritarias deseosas de ser tomadas en cuenta en la repartición de beneficios y oportunidades. Éste puede ser el PRD, siempre y cuando pueda superar sus contradicciones internas, manifestadas en la proliferación de grupos o "tribus", más preocupados por sus intereses mezquinos que de la urgencia de conformar una gran organización política de izquierda con objetivos democráticos reales. O bien cualquier otro que sea capaz de remontar con éxito la actual etapa de descrédito de los partidos políticos, por su mezquino proceder como instituciones estructuradas con el fin de organizar y aglutinar a las diversas clases sociales que forman la otra parte del Estado.

Capítulo XIII

Gateando en círculos

La transición política mexicana más parece una utopía por los muchos obstáculos que tiene cada paso que debe darse. La reforma del Estado es el primero de ellos. La podemos equiparar a un bebé que apenas está aprendiendo a caminar de la mano de muchos padres que no se ponen de acuerdo en la forma como debe pararse. Cada uno quisiera tenerlo sólo para sí, y para lograrlo propina fuertes patadas a los demás mientras también recibe las de otros que actúan con la misma actitud egoísta. En medio de la trifulca, el bebé se cae y comienza a gatear en círculos, desconcertado, en espera de que sus padres logren actuar con cordura y madurez. Como estamos aún lejos de que ello acontezca, no obstante que a mediados de abril los partidos aprobaron el mecanismo para lograr la ansiada reforma, la llamada "ley Beltrones", podría apostarse doble contra sencillo que finalizará el sexenio del presidente Calderón y tal reforma seguirá pendiente. Es probable que se llegue a aprobar un remedo de ella, que sirva al PAN y al PRI de producto propagandístico para tratar de engañar a la ciudadanía. Sería algo parecido a las "reformas" fiscales que se han aprobado sin que vayan al meollo del asunto. Es válida tal comparación, porque al binomio partidista no le interesa realmente una reforma política de fondo, que ponga en riesgo su permanencia en el ejercicio del poder.

La reforma del Estado es imprescindible para lograr la transición real a la democracia. Como esta es un contrasentido en el sistema político que conocemos desde hace más de 70 años, que sigue vigente pero ahora encabezado por el PAN, se antoja como un ideal inalcanzable. Hacerlo realidad será tarea de toda la sociedad, encabezada por intelectuales progresistas sin ligas con grupos de interés, sino firmemente comprometidos con la causa de la transición. Está difícil, muy difícil, encontrarlos, pero los hay, sobre todo entre las generaciones nacidas dentro del esquema neoliberal del Estado. Se trata de jóvenes que no vivieron bajo las entrañas del "ogro filantrópico" al que se refería Octavio Paz para designar al Estado benefactor nacido de la Revolución mexicana. Como ahora no existen más las condiciones que hicieron posible la enorme capacidad de cooptación del régimen priísta, al intelectual honesto y progresista no le queda más remedio que irse del país o buscar por sus propios medios, la forma menos dramática y deshonesta de llevar una vida digna. Esto es muy difícil, desde luego, pero aún quedan resquicios por los cuales buscar caminos que permitan sobrevivir sin perder la dignidad.

Tan sólo pensar en ello parece una pérdida de tiempo, mas no lo es porque lo que hace falta es reflexionar sobre las causas que impiden transitar hacia un régimen verdaderamente democrático, como el que soñaron curiosamente quienes suscribieron la Constitución General de la República en el Congreso Constituyente de 1916. Vale decir curiosamente, porque ahora parece una curiosidad que aquellos hombres, no muy preparados la mayoría de ellos, tuvieran más visión que los jóvenes tecnócratas que nos "gobiernan" a los mexicanos a partir del sexenio de Miguel de la Madrid. Cada día que pasa es más difícil romper el círculo vicioso que se cerró con la llegada formal del PAN a Los Pinos. Fuimos testigos mudos de cómo durante la administración de Vicente Fox-Marta Sahagún se reforzaron poderes fácticos que distan mucho de simpatizar al menos con los ideales democráticos de los fundadores del PAN o que supondrían una reforma del Estado. La "pareja presidencial" no se anduvo con rodeos, cabe recordarlo, y desde un principio Fox dijo que su gobierno era de empresarios para empresarios. Y vaya que lo cumplió.

El presidente Calderón, atrapado como está en una basta red de intereses oligárquicos, no tiene amplios espacios para moverse, pero lo peor del caso es que no parece tener intención de buscarlos. Su compromiso es "blindar" la continuidad de las acciones emprendidas por su antecesor a favor de la oligarquía que detenta los beneficios del trabajo de los mexicanos, de ahí su imposibilidad de romper con Fox aunque fuera mediante valores entendidos. La "pareja presidencial" sigue montada en el disfrute del poder, sin preocuparse en lo más mínimo de los problemas que su protagonismo crea a su sucesor en Los Pinos. Así lo demuestra el desenfado con el que posaron en su lujosa hacienda guanajuatense para una revista frívola en el mes de septiembre, que provocó una reacción que desde luego ellos no esperaban. Esto, por supuesto, supone un serio obstáculo a la reforma del Estado, pues resulta más que evidente la presencia de Fox en el Congreso de la Unión a través de legisladores que representan sus intereses, contrarios a una democratización real de la vida política nacional. Santiago Creel en la Cámara de Senadores, y Héctor Larios en la Cámara de Diputados, están allí para vigilar que no sean afectados los intereses que representa la "pareja presidencial". El dirigente formal del PAN, Manuel Espino, no se anda por las ramas y no pierde oportunidad para presionar a Calderón con el fin de hacerle ver que su arribo a Los Pinos es obra de las fracciones más duras del partido, o sea las ligadas con el conservadurismo más rancio y reaccionario. ¿Transición democrática en tales condiciones?, ¿reforma del Estado que facilite la organización de la sociedad sobre bases de equidad en todos los órdenes de la vida nacional?

Mientras tanto, el PRI sigue actuando como comparsa del PAN, revirtiendo así la situación que prevaleció durante al menos cuatro décadas, cuando el partido blanquiazul hacía las veces de partiquino de las iniciativas del tricolor. La presencia en la Cámara Baja de Emilio Gamboa como presidente inicial de la mesa directiva, pinta con todo realismo el triste papel de los priístas formales en el régimen panista. En la Cámara Alta, Manlio Fabio Beltrones hace malabares para tratar de salvar una imagen muy deteriorada, gracias a un oficio político del que carece Gamboa. Y en sus lujosas mansiones, los verdaderos dirigentes de la alianza PAN-PRI, sonríen satisfechos de que las cosas les hayan salido mejor de lo que esperaban hace seis años, cuando la derrota de Francisco Labastida parecía el derrumbe de muchos sueños de grandeza. No fue así, como lo demuestra la dramática realidad nacional, merced a la inteligencia demoniaca de Carlos Salinas de Gortari, José Córdoba Montoya y Ernesto Zedillo, quienes junto a Diego Fernández de Cevallos, cabeza visible de los intereses más prominentes del blanquiazul, armaron la estrategia de la alternancia teledirigida. Vale tal concepto, ya que el duopolio televisivo ha sido factor determinante para el éxito del proyecto que favoreció la acumulación de riqueza en unas cuantas manos en muy poco tiempo, implantando un verdadero récord mundial en ambos menesteres propios del capitalismo más salvaje que existe sobre la faz de la tierra. ¿Reforma del Estado cuando el duopolio televisivo impone sus reglas y condiciones de manera impune, con el único fin de mantener y acrecentar sus enormes privilegios, fuertemente apuntalados por el gobierno de Fox?

Aún está por verse si la nueva Ley de Radio y Televisión, la conocida como Ley Televisa, que les quita el usufructo de millones de pesos en propaganda electoral, aprobada finalmente por unanimidad en el Congreso de la Unión en septiembre, no presenta en los hechos resquicios por los cuales pueda el duopolio resarcir la pérdida.

Por su lado, la izquierda sigue enfrascada en sus luchas fratricidas, como si en ello les fuera la vida, sin parar mientes ni por asomo en que desentenderse de los problemas nacionales si es cuestión de vida o muerte. Nunca han aprendido la importancia de la unidad táctica para perseguir fines estratégicos, como si ya detentaran el poder sin rivales de clase al frente. La mezquindad es la principal divisa de la izquierda, incluida la representada en el PRD, que se supone es la más ilustrada. En los hechos, esa izquierda está perfectamente cooptada con la zanahoria de los puestos de elección. Se pelean como fieras en celo por una diputación o una presidencia municipal, y llegan a extremos tan absurdos como separarse del partido o crear una nueva corriente interna si no se salen con la suya. En esto acabó la reforma política implantada por Reyes Heroles en sus tiempos de gran ideólogo del régimen priísta. Cabe preguntarse si no habrá sido alcanzar tal comportamiento de la antes izquierda clandestina el objetivo oculto de tal reforma, conocedor como en verdad lo era de la condición humana el filósofo del liberalismo mexicano. ¿Transición democrática de fondo sin una izquierda consecuente, con visión de futuro, capaz de abrir nuevos horizontes a la sociedad mexicana?, ¿reforma del Estado cuando la izquierda partidista no piensa más que en acrecentar prebendas?

Mucho se ha hablado del éxito que tuvo el Pacto de la Moncloa, que dio paso a la transición política de España y puso fin al régimen antidemocrático franquista. Sin embargo, muy poco se medita entre los partidos aquí en México sobre las condiciones que lo hicieron posible, principalmente que cada uno de los grupos y partidos se olvidó de sus propios intereses para poder llevar a la práctica los grandes objetivos nacionales en ese momento. Todos actuaron con una amplia visión de Estado y se comprometieron con el imperativo de hacer a un lado intereses contrarios al propósito fundamental de firmar un acuerdo nacional que diera paso a los grandes cambios que requería la sociedad para salir del oscurantismo franquista. Nadie puso en duda, ni siquiera la derecha más recalcitrante, la necesidad de constreñir a la Iglesia católica a sus funciones eminentemente religiosas. Era un paso decisivo que había que dar, y se dio a pesar del enojo del Vaticano, toda vez que el clero español era entonces su más firme aliado en Europa. Hoy, en México, la Iglesia católica se ha erigido como un poder político incontrastable, que se opone firmemente a cualquier acción a favor de la democracia, entendida como la fórmula idónea para permitir el avance real de los sectores más desprotegidos de la población. ¿Transición a la democracia en un marco donde la cúpula clerical impone sus condiciones a un gobierno que soporta a duras penas el laicismo del Estado?, ¿reforma del Estado cuando el alto clero lucha afanosamente, a plena luz del día, por profundizar y acrecentar los privilegios alcanzados con la enmienda constitucional al artículo 130 en tiempos de Carlos Salinas?

La ausencia de autocrítica, junto a un cinismo cada vez más exacerbado, han sido factores esenciales para que el sistema político mexicano se encuentre en donde está, metido en un callejón cuya única salida es abrir la puerta a la democracia real, con una reforma del Estado que acabe con privilegios indebidos, ponga fin a simulaciones y demagogia insultantes, y abra paso al fin a una transición política como la que hace casi 80 años soñara un grupo numeroso de mexicanos que se sumaron a la campaña idealista del caudillo intelectual y romántico que fue José Vasconcelos. Su fracaso fue no sólo una pérdida para ese puñado de ciudadanos comprometidos con el futuro del país, sino un colapso nacional que puso fin a la voluntad de cambio democrático que impulsó a muchas generaciones de mexicanos, hasta que los mismos excesos de la presidencia autocrática generaron el movimiento estudiantil de 1968, que devino en movimiento nacional por una apertura del sistema político, cerrado con fuertes candados a todos aquellos que no admitieran reglas ya caducas, desgastadas por el tiempo y el uso discrecional, siempre al servicio de unos cuantos, los mismos beneficiarios de siempre.

Como apunta Skirius en el libro citado, "la dictadura de partido, su pirámide burocrática, se edificó sobre el cadáver de la democracia. Tal vez no había llegado todavía la hora, dicen algunos, y acaso México no estaba todavía maduro para Vasconcelos ni para unas elecciones democráticas". Quizá las únicas elecciones más o menos democráticas en México hayan sido las de julio de 1994, que dieron el triunfo a Ernesto Zedillo. Se adujo entonces que los electores habían votado como lo hicieron, "por miedo", luego de un sexenio de grandes contrastes que culminó con vergonzosos crímenes políticos, situación que fue manejada con habilidad por los propagandistas del PRI, con la sutil propuesta de que cualquier cambio en la cúpula política, recrudecería la violencia. ¿Fueron elecciones democráticas las que dieron la victoria en las urnas a Vicente Fox? No, desde luego, porque en dichos comicios hubo una decisiva participación de poderes fácticos ajenos a los intereses nacionales, que acabaron con la posibilidad de que Cárdenas, el candidato más comprometido con un proyecto nacional, accediera a Los Pinos, desde donde se hubiera impulsado una administración más afín al programa histórico, largamente aplazado, de una Revolución mexicana traicionada por grupos de interés cada vez más poderosos.

Que hubiera podido llevar a cabo un programa de gobierno acorde con los intereses de las clases mayoritarias, o se hubiera visto impedido a darle cauce por los muchos intereses adversos en juego, no viene al caso discutirlo. Lo que parece fuera de duda es que un gobierno de carácter progresista como el que hubiera implantado Cárdenas, habría dejado sin posibilidad de actuar políticamente a los grupos de ultraderecha que se fortalecieron bajo la administración de la pareja presidencial. Es claro también, bajo tal supuesto, que a la fecha no estaríamos gobernados por un mandatario maniatado, como lo está Felipe Calderón, y paradójicamente no por fuerzas ajenas a su proyecto, sino por su propio partido, donde parecen dominar las corrientes más reaccionarias y conservadoras, dispuestas como lo están, a no dejar pasar la oportunidad de luchar por más espacios dentro del sistema político. Que tal actitud le va a traer un alto costo al presidente Calderón, está fuera de duda, como también lo está que para el país será un gravísimo retroceso histórico, cuyas consecuencias nos colocarían en una posición muy frágil ante la Casa Blanca y el resto del mundo.

Capítulo XIV

Partidos con visión... de gran cinismo

Si en 1938 México se encontró ante una encrucijada que se pudo resolver merced al patriotismo y férrea voluntad del presidente Cárdenas, hoy lo está con igual o peor dramatismo. Estamos carentes de una conducción política fundada en el sentido común más elemental, que patentiza la urgencia de poner fin a los agudos desequilibrios sociales y económicos que nos mantienen al borde de un colapso irreversible. Se hace todo lo contrario, o sea agravarlos aún más, en ofensivo desprecio a las clases mayoritarias y a la inteligencia de las clases medias ilustradas. El sexenio de la pareja presidencial amparada por el PAN, fue un lamentable retroceso histórico como lo evidencian los altos costos políticos que estamos pagando. El gobierno del presidente Calderón camina dando traspiés, bajo el resguardo de las Fuerzas Armadas, sin que a la fecha se vean resultados positivos, sino todo lo contrario. El Ejército está sufriendo un descrédito cotidiano por el afán del presidente Calderón de utilizarlo como agencia policiaca en el combate al crimen organizado. ¿Hasta cuándo?

Los hechos están demostrando que fue un grave error del PRI, su fracción más conservadora, avalar unos comicios muy dudosos que dejaron al Presidente electo sin un sostén efectivo, situación que se pudo haber revertido de haber aceptado el PAN, y Felipe Calderón mismo, la solución del conteo voto por voto, casilla por casilla. Con la complicidad de los organismos electorales y del Tribunal Electoral del Poder Judicial de la Federación, se quiso llegar a las últimas consecuencias con una alta dosis de irresponsabilidad. Lo que importaba, finalmente, era garantizar que no fueran afectados los intereses dominantes, esos que durante el sexenio de la pareja presidencial se afianzaron a extremos que ponen en riesgo el futuro de la sociedad nacional. No se quiso correr riesgos y ahora el país está sumido en una incertidumbre que parece no tener salida. Lo único claro es que resulta imposible suponer que la República podrá recobrar la tranquilidad sumida en un virtual estado de sitio, donde las Fuerzas Armadas son el factor esencial para dirimir controversias sociales. Así, el estado de derecho en el que aspira vivir la mayoría de los mexicanos, se vislumbra como meta inalcanzable.

La realidad cotidiana nos muestra que lo único que avanza con firmeza es la violencia, que se pretende justificar como consecuencia de la lucha entre los cárteles del crimen organizado, ante el éxito de las embestidas del gobierno federal contra esos mismos grupos delictivos. No se admite que en realidad lo que se está viviendo es un recrudecimiento de la descomposición social, generada por los fuertes desequilibrios sociales, económicos y políticos agudizados por la estrategia neoliberal del manejo de los asuntos del Estado mexicano. Esta es la verdadera causa de la ingobernabilidad que se está generalizando en buena parte del territorio nacional, que se ve agravada en la actualidad por la importancia económica del trasiego ilegal de enervantes y drogas prohibidas. Se trata de un problema por demás delicado, que pone en entredicho la voluntad de las máximas autoridades para enfrentarlo con las únicas armas que pueden vencerlo: las de la razón y el sentido común. No se adoptan porque no se quiere acabar con el extraordinario negocio que significa el narcotráfico en la clandestinidad, que permite aprovecharse de los que pertenecen al eslabón más débil de la cadena: los campesinos, los transportistas, los pequeños distribuidores, todos los cuales ingresan al nefando negocio por sus niveles de pobreza y falta de perspectivas. Mientras los verdaderos beneficiarios del descomunal negocio, disfrutan en el anonimato los elevados beneficios de mantenerlo en la clandestinidad. ¿Cuándo han sido procesados quienes hacen posible una operación multimillonaria que requiere una amplísima red de compra, almacenaje y distribución para abastecer a más de 20 millones de adictos en Estados Unidos? Finalmente, la logística neoliberal ha sido un eficaz instrumento para hacer que el narcotráfico se convirtiera en el negocio más lucrativo que se conoce hasta la fecha.

Sin embargo, es impensable suponer que tal situación pueda preservarse indefinidamente. No puede ser, porque finalmente el peso de la parte sana de la sociedad es mayor, tanto en México como en Estados Unidos, y para los gobiernos será inevitable atenderla, con propuestas que vayan al fondo del problema. De ahí que tenga que llegarse el día y la hora en que a los gobiernos, a los partidos, no les quede otra salida que aceptar acabar con el trasiego clandestino de enervantes, o lo que es lo mismo, legalizar todos sus componentes, situación que tendrá que verse dentro del contexto de la reforma del Estado. Desde luego, esto tendrá que darse en el marco de la globalización, que para tal menester será fundamental, si no todo lo que se haga caminará hacia un fracaso total, con un altísimo costo de vidas humanas y de la capacidad defensiva del Estado.

No deja de ser una cruel paradoja que lo que más distingue a los gobiernos neoliberales, a partir del de Miguel de la Madrid hasta el de Felipe Calderón, sea la carrera ascendente seguida por el narcotráfico ilegal de drogas prohibidas. Sexenios van y vienen, y las organizaciones dedicadas a este negocio crecen, se multiplican y se vuelven más importantes a nivel continental, no obstante que cada administración presume sus logros en el combate al flagelo, superiores a los de sus antecesores en esta lucha. Si tal fuera el caso, es obvio que no existiría más ese problema, cuando lo que patentiza la realidad es al revés: los cárteles son cada día más fuertes y mejor organizados, con mayor poder de fuego y de capacidad corruptora. Todo esto convierte al del narcotráfico en un asunto prioritario para el Estado, que podrá enfrentarse con éxito en la medida que se avance en la democratización de la vida nacional.

Es absurdo dejar que sea la economía subterránea y la ilegalidad en el movimiento de bienes y servicios de manera clandestina, lo que resuelva coyunturalmente problemas estructurales como el desempleo histórico, que se agravó con la falta de crecimiento real del aparato productivo a partir de 1982. Las llamadas fuerzas del mercado no cuentan en la solución de los grandes problemas nacionales, como lo saben perfectamente los países que no se pliegan a los dictados del Banco Mundial y del Fondo Monetario Internacional, entre ellos los propios Estados Unidos. Los llamados "tigres asiáticos", y la República Popular China, son el mejor ejemplo de cómo se deben arrostrar las ingentes necesidades de la población. ¿Por qué ellos pueden hacerlo y nosotros los mexicanos estamos impedidos? Porque aquéllos cuentan con un Estado que actúa como árbitro de las fuerzas que se mueven en el marco estructural del aparato productivo, situación inexistente aquí en cuanto que el grupo gobernante sirve principalmente a los intereses del sector hegemónico en lo económico y en lo político, cada vez más ligado a grandes intereses del Nuevo Orden Mundial.

Es una ironía que el gobierno que asumió el poder con las mejores expectativas, toda vez que inauguraba una positiva alternancia, acabara su tiempo en el mayor descrédito y sin resultados positivos, como lo fue el de la pareja presidencial. Su único logro, la estabilidad macroeconómica, al paso de las semanas se derrumba al salir a la luz la corrupción con que se manejaron los inmensos recursos de que dispuso el gobierno de Vicente Fox, tanto por los excedentes en la venta de hidrocarburos como por las remesas enviadas desde Estados Unidos por compatriotas avecindados allá. ¿Fue entonces una estabilidad ficticia? No, desde luego, sino que fueron tantos los miles de millones de dólares que entraron al país que permitieron un hábil manejo de las variables macroeconómicas, sin ponerlas en riesgo. Aclarar los malos manejos del dinero en la administración anterior, es ahora uno de los grandes retos que tiene el presidente Calderón, quien parece no tener prisa en dar un paso adelante a este respecto. No lo dará, es válido apuntarlo, mientras cuente con un Congreso de la Unión a modo, merced a la alianza entre el PRI y el PAN, alianza que puede dar al traste a cualquier reforma de fondo que tenga como propósito central hacer avanzar la democracia y fortalecer un verdadero estado de derecho. En octubre se aprobó en la Cámara de Diputados una Comisión Especial que investigará cómo se hizo de una riqueza inexplicable la ex pareja presidencial, sin embargo, se duda de su eficacia por las consecuencias que traería para la administración de Calderón propiciar el enojo del "presidente" Fox y sus prominentes aliados. No es cuestión fortuita que los principales componentes de la misma sean del PRI (su presidente) y del PAN.

Tampoco es ocioso señalar que las llamadas reformas estructurales que tanto le urge implantar en México al binomio Fondo Monetario Internacional-Banco Mundial, no tienen otro propósito que apuntalar el esquema neoliberal impuesto en 1982, ahora en crisis por los excesos de sus beneficiarios y la escasa capacidad administrativa de los gobernantes en turno, con la sola excepción de Zedillo, quien demostró ser el testaferro idóneo de los intereses que cuentan con el patrocinio y protección de ambos organismos internacionales, al servicio incondicional de la Casa Blanca y el Nuevo Orden Mundial. Por eso se le premió al abandonar Los Pinos. Lo paradójico del caso es que los positivos resultados del sexenio de Zedillo, que fueron notables dentro del esquema neoliberal, fueron tirados por la borda en los seis años del desgobierno de Fox. No obstante, el PAN se mantuvo en Los Pinos merced al uso eficiente que hizo de las prácticas amañadas utilizadas por el PRI durante tantos años de ejercicio ladino del poder. ("La moral es un árbol que da moras", decía uno de los más conspicuos militantes del PNR-PRI, el general Gonzalo N. Santos, cada vez que venía al caso, luego que con pistola en mano dirigía bandas de asaltantes de casillas.) Como coloquialmente lo dice el pueblo: le dio una sopa de su propio chocolate. Lo que llama la atención es que hubo quienes dieron su voto a Calderón, de manera consciente, sin ser militantes panistas. Esto nos habla del enorme atraso de esa ciudadanía en materia de análisis político, ya sea por desinterés por la cosa pública, ya sea también por el peso que sigue teniendo el conservadurismo ideológico en amplias capas de la población.

En efecto, somos una nación conservadora en el sentido más amplio del término. Las "buenas conciencias" que tan sintéticamente retratara Carlos Fuentes, siguen siendo el cartabón en buena parte del país, no sólo en la región del Bajío, merced a la influencia que sigue teniendo el clero católico sobre las familias. De ahí la alianza tan estrecha entre el PAN histórico y la cúpula clerical, pues ambos se utilizan provechosamente. Lo hacen, por supuesto, con los pies bien puestos en la tierra, no en el cielo, como parecen estar viviendo algunos dirigentes de la izquierda, más preocupados por sus mezquinos intereses sectarios que por las grandes causas del país en esta hora crucial. Es fácil imaginar lo que hubiera ocurrido si los liberales de tiempos de la Reforma y la Intervención francesa, no cierran filas en torno a los principios, como lo hicieron con férrea disciplina y visión de futuro, guiados por el ejemplo del estoico presidente Juárez. Los conservadores hubieran triunfado con suma facilidad, merced a sus recursos y alianzas con intereses extranjeros. Miguel Miramón hubiera sido el gran caudillo, quien con mano de hierro, junto a Leonardo Márquez, "El Tigre de Tacubaya", y Tomás Mejía, habrían allanado el camino a la monarquía, hasta que nuestros vecinos del norte se cansaran del príncipe europeo en su traspatio.

Capítulo XV

Sin margen para un mínimo optimismo

En 1929 se perdió la oportunidad de construir una democracia representativa a nivel continental, por la ceguera y egoísmo de una clase dirigente que detentaba el poder de manera patrimonialista. Si habían llegado al poder arriesgando la vida, decían sus más preclaros integrantes, sólo a balazos podrían quitarles ese poder que habían logrado para disfrutarlo. Hoy, casi ocho décadas después, seguimos en las mismas, perdiendo oportunidades de progresar como nación organizada, merced al firme sentido patrimonialista que tiene la élite neoliberal del usufructo del poder. Llama la atención el paralelismo histórico entre la aventura vasconcelista y el entusiasmo popular que despertó la candidatura de Andrés Manuel López Obrador. Como apunta Mauricio Magdaleno en su magnífico libro, *Las palabras perdidas*: "El vasconcelismo apareció, en 1928, como una pura actitud popular. Por primera vez desde 1910 se echaron a la calle gentes que no aspiraban a ninguna forma de medro político y que carecían, inclusive, de posibilidades para figurar, caso de triunfar, en los cuadros dirigentes del gobierno."

López Obrador, con su carisma y voluntarismo, supo amalgamar en su favor el descontento popular ante los excesos de una cúpula gobiernista inescrupulosa, sólo diferente a la priísta en su disponibilidad a dejarse llevar por una doble moral que revela su inagotable capacidad para la hipocresía. En los años venideros, cuando las pasiones se enfríen, se podrá analizar con más objetividad el despropósito histórico que significó para el país estar gobernado por una pareja presidencial carente de principios éticos, y lo más grave, sin contar con los más elementales conocimientos de la responsabilidad que asumía Fox, atento como estaba todo el tiempo a los aspectos frívolos del uso del poder, mientras dejaba en manos de su ambiciosa esposa las negociaciones relacionadas con el usufructo de los asuntos públicos con franca intención patrimonialista, al igual que en los tiempos del llamado salinato. Llama la atención que aun a sabiendas de esto, dada la información que se coló a los medios de los excesos de la pareja presidencial, hubiera quien votara por Calderón. Los motivos deben buscarse en la mañosa campaña para destruir la imagen de López Obrador, con el apoyo decidido, sin importar el costo, de la cúpula empresarial más beneficiada por la estrategia neoliberal; en el conservadurismo y en la nula preparación política de amplias capas de las clases medias; en el abierto apoyo de la Presidencia de la República a Calderón; pero también, por supuesto, en la propia incapacidad del candidato perredista para discernir a tiempo las tácticas correctas, como por ejemplo haber actuado de acuerdo con la clara intención de Fox de no reconocer el triunfo del PRD, aun a costa de lo que fuera, como se le hizo saber a López Obrador. Se mantuvo terco en su triunfalismo, en su obcecación de líder carismático, sordo a cualquier punto de vista ajeno a los suyos.

Algo que vale la pena reconocer al régimen panista, es su rechazo al uso indiscriminado de las armas para acallar a la oposición. No lo ha hecho, pero eso hay que atribuirlo también a la prudencia con que se ha manejado el PRD, dejando a López Obrador solo con su causa. No fue el caso, cuando el movimiento vasconcelista fue silenciado a base de una sangrienta represión que abarcó a varios estados, y concluyó al momento en que las huestes callistas consideraron no tener más opositores al frente. Como apuntó Mauricio Magdaleno: "Llegó marzo. Una radiante primavera llenó la capital. La prensa anunció que un perro hambriento había descubierto una docena de cadáveres, enterrados a flor de tierra, al pie de una loma de Topilejo. Eran los nuestros. Los habían estrangulado los del 51o. Regimiento." Con todo, hay que aceptar que las condiciones sociales y políticas son muy diferentes ahora a las de hace 80 años, y cometer crímenes como los de Topilejo sería la tumba del régimen panista. Esto lo sabe el presidente Calderón, como también tiene plena conciencia de que su "triunfo" en las urnas tiene que ganárselo todos los días hasta que termine su administración, con hechos de buen gobierno que luego de un año de ejercicio gubernativo no se ven todavía.

La última paradoja de la actual etapa histórica del país, tal vez la más relevante en términos prácticos, es el hecho de que la verdadera oposición a Calderón se encuentra en sus propias filas partidistas. El PAN está dividido entre "prudentes" e "intransigentes", los primeros al lado del jefe del Ejecutivo federal, los segundos caminan junto a una camarilla ultraconservadora, dispuesta a todo con tal de conseguir sus objetivos. Ésta tiene como caudillo real a Fox, quien no está dispuesto a pagar las consecuencias de sus enormes errores al frente de la Presidencia, ni mucho menos que le finquen responsabilidades por sus cuantiosas corruptelas, entre las que destaca el uso muy personal de los excedentes por el sobreprecio de los hidrocarburos durante su sexenio. Llama la atención el protagonismo de la ex pareja presidencial, bajo el peregrino argumento de que son otros tiempos y no hay por qué pasar al olvido como ex mandatario. Tan así es que a Marta Sahagún se le llena la boca al seguir nombrando a su marido "el presidente Fox". En tanto, Calderón hace mutis y prefiere enviar halagos y florituras a su antecesor, o simplemente ignorándolos, como si pensara que con ello va a obligar a la pareja a deponer su actitud subversiva, pues no otra cosa es actuar como lo hacen, en detrimento del actual inquilino de Los Pinos.

En tanto esa fracción disidente, que actúa a la sombra del propio partido, no sea domeñada, seguirá actuando en contra de los intereses de Calderón. Es un despropósito de éste no actuar con energía para controlar las ambiciones de la ex pareja presidencial y su grupo de interés; de seguir así, su gobierno corre el riesgo de naufragar, aun con todo y apoyo que reciba de sus aliados del PRI, los cuales se lo irán retirando en la medida que vean la incapacidad de Calderón para meter al orden a los "intransigentes". Es fácil advertir que éste se encuentra en una encrucijada, pero más temprano que tarde deberá tomar una dirección, y entonces el país tendrá que seguir a su vez la senda que convenga más a los fines de la sociedad nacional. Ese momento será decisivo para emprender la marcha hacia una transición pactada entre todas las fuerzas políticas –con la exclusión de aquellas que quieran seguir viviendo en el pasado–, única alternativa válida para construir un país con verdadero estado de derecho. Sólo así será factible superar los muchos obstáculos que se oponen a un progreso donde no tengan cabida los vicios y defectos que nos impiden ser una nación digna de ser tomada en serio en el concierto mundial.

Los primeros 12 meses del gobierno de Felipe Calderón son un mal presagio para el resto del sexenio. Sus principales acciones estratégicas lo aíslan aún más de la ciudadanía, dejándolo inerme ante los problemas que se avecinan. La reforma a la Ley del ISSSTE, contraria a los intereses de los pensionados en cuanto que se les priva de una pensión solidaria, para dejarlos en manos de los especuladores bancarios que medran con los fondos de ahorro para el retiro, tendrá consecuencias muy lamentables para la nación. El terrible desgaste que sufra el gobierno de Calderón no parece importarle ni a éste ni a sus aliados en esta reforma, pues lo fundamental para ellos es dejar sentadas las bases de una nueva relación entre el ISSSTE y los trabajadores al servicio del Estado, donde el gobierno federal quedará exento de la responsabilidad social que antes de la reforma le competía. Asimismo, el decreto mediante el cual se crea una fuerza militar especial que sólo podrá ser utilizada por orden presidencial, deja ver a la opinión pública la decisión inalterable de llegar incluso al estado de sitio con tal de seguir favoreciendo intereses de los oligopolios que se han formado y fortalecido al amparo de los gobiernos neoliberales.

Esto es un despropósito inexplicable, teniendo en cuenta los nulos resultados obtenidos en este lapso en la lucha contra el crimen organizado: con todo y el uso de tropas fuertemente armadas, no ha cesado la violencia ni mucho menos se ha podido reducir la capacidad ofensiva de los sicarios al servicio de las grandes organizaciones delictivas. Siguen cayendo agentes policiacos, soldados y hasta militares de alto rango. Esto revela que no se trata de una simple lucha civil entre los capos del narcotráfico, la violencia que se está viviendo en varios estados del país, de manera independiente de los delitos del fuero común que también registran incrementos. No se ha querido aceptar el hecho de que lo que estamos experimentando es una aguda descomposición social, producto básicamente de las injustas condiciones sociales y económicas que se vienen arrastrando desde que se puso fin al desarrollo estabilizador. Obvio es que no será con decretos que apuntalan el salvajismo de una oligarquía deshumanizada, como se podrá enmendar el camino. Mucho menos con la aplicación de penas absurdas, como la de 67 años de prisión a los presos por los sucesos de Atenco, por parte de la "justicia" del gobernador Peña Nieto, mientras los beneficiarios de esta realidad atrabiliaria gozan de total impunidad para cometer cuanta tropelía se les ocurra, como por ejemplo los hijos de la señora Sahagún.

Definitivamente, no hay margen para un mínimo optimismo al comenzar el gobierno de Calderón. Es válida tan tajante afirmación al advertir la falta de respeto a la ciudadanía por parte de la cúpula gobernante, hecho que augura malos presagios. Ante los excesos del clero católico, que violentan el marco constitucional, el secretario de Gobernación, Francisco Ramírez Acuña, responde con una tímida llamada de atención de la que se arrepiente y, contrito y compungido, acude a la sede del Episcopado a disculparse. Lo más lamentable, sin embargo, es la actitud asumida por el presidente Calderón, luego que comienza a darse cuenta que sus promesas de campaña son irrealizables. Tal es el caso con el tema del empleo, asunto muy delicado con el que hizo demagógicos espots. Ahora resulta que únicamente con el decidido apoyo de la sociedad se puede hacer algo al respecto; que es imposible para el Presidente, dice, enfrentar solo este fenómeno económico y social. Lo mismo acontece con el problema de la inseguridad pública, el cual ha rebasado ya las posibilidades de las autoridades para superarlo, según los datos de la criminalidad galopante que logran saltar a los medios. A nadie pidió permiso Calderón, ni siquiera al Congreso federal, para sacar a las Fuerzas Armadas de sus cuarteles, y ahora que se está demostrando la inutilidad de tal decisión, cuyos costos en términos políticos y sociales serán gravísimos para el país, sale a pedir a la sociedad lo apoye en el combate al crimen organizado, pues se trata de un problema que nos concierne a todos, dice muy ufano. Llama a la unidad nacional para combatir al flagelo del narcotráfico cuando las condiciones socioeconómicas de México patentizan una absoluta división entre el 10 por ciento de la población que disfruta el 50 por ciento de la riqueza nacional, y el 80 por ciento que apenas tiene acceso al 10 por ciento de la misma.

Si los grupos oligárquicos quieren que el país avance y aproveche a cabalidad las oportunidades que brinda la globalización, la única opción válida es atender con espíritu crítico los problemas que estamos viviendo. Sin embargo, lo esencial es dejar de seguir apretándole el cuello a los sectores más desprotegidos, hasta obligarlos a cometer acciones desesperadas para no asfixiarse. ¿Acaso no es grotesco que se quiera hacer creer que los exiguos aumentos salariales que reciben los trabajadores son la principal causa de las escaladas inflacionarias que se dan desde los tiempos de Luis Echeverría?, ¿no será que al decir esto se busca esconder una de las principales causas del fenómeno, que no es otra en nuestro país que una constante fuga de divisas, que debe paliarse con los incrementos en los precios de bienes y servicios para compensar el movimiento monetario?, ¿cómo pretender una transición pactada entre todas las fuerzas del Estado, si se excluye a los trabajadores del campo y la ciudad, cada vez con menos participación en el usufructo de los recursos públicos? Es prudente señalar los riesgos que corre la nación de continuar con la estrategia económica impuesta a México, pues se ha convertido en el principal escollo para fundar un Estado participativo y democrático. El sistema político que conocemos desde hace varias generaciones, corre el peligro de quedar liquidado si continuamos viviendo en la simulación, la demagogia y el entreguismo a las sociedades cada vez menos secretas que propugnan un Nuevo Orden Mundial en el que sólo ellas son las beneficiarias. El problema principal es que el viejo sistema podría ser suplantado por un régimen de excepción, en el que finalmente todos saldremos perdiendo, como así sucedió en la Alemania nazi y en la Italia fascista.

Epílogo

El dinamismo de los hechos siempre nos rebasa. Vale decirlo por lo que toca a la lucha coyuntural dentro de las filas del partido gobernante. A finales de mayo de 2007 se llevó a cabo, en la ciudad de León, Guanajuato, la votación final para conformar el Consejo Nacional del PAN. La fracción de los "intransigentes", o sea la enmarcada en la organización fascista El Yunque, fue derrotada y quedó en minoría. Su líder virtual, Manuel Espino, fue abucheado todo el tiempo, en tanto el presidente Calderón recibió calurosos aplausos. Sin embargo, llamó la atención que Vicente Fox también fuera ovacionado, cuando es de muchos sabido que él es un franco simpatizante y hasta promotor de dicha organización clandestina, abiertamente subversiva en cuanto que promueve el fin del Estado laico en México para instaurar una teocracia medieval. Esto significa que sigue viva esa corriente ultraderechista dentro de las filas panistas, con grave riesgo para la estabilidad y el futuro del país. Esa fracción le está dando a Calderón un margen de maniobra, no un cheque en blanco para utilizarlo como le venga en gana. El que Calderón tenga ahora más influencia en su partido no es garantía de que hará un gobierno democrático. Se le brindará apoyo en la medida que cumpla los objetivos del programa panista, principalmente el entronizamiento de la ideología conservadora influida por la cúpula clerical. Aun si Germán Martínez, ex secretario de la Función Pública, como se prevé, lidera al PAN el resto del sexenio, lo estarán vigilando y presionando los consejeros afines a la línea conservadora, para que no se desvíe de ella ni se ponga en duda la probidad de sus promotores, algunos de los principales empresarios que han hecho de la alianza con la Iglesia católica un pacto secreto para mantener intocados sus privilegios mutuos.

Una muestra clara de esto es el encono que despertó la iniciativa para despenalizar el aborto a los dos meses de iniciado el embarazo, presentada por las fracciones del PRI y del PRD en la Asamblea Legislativa del Distrito Federal. En las protestas se hermanaron el grupo Pro Vida, de Jorge Serrano Limón, y la nueva pareja presidencial, claro que con notables diferencias de tono, pues tanto el presidente Calderón como su esposa, de ninguna manera debían mostrarse como furibundos antiabortistas, como si lo hace el dirigente de dicha agrupación oscurantista. Para el jefe de un Estado laico, como lo es Calderón, obligado a defender los principios del laicismo, lo único que parece importarle es no salirse de las pautas ideológico-religiosas de su partido. No se ponen a pensar, ni él ni los dirigentes del PAN, que lo que está en juego es un fundamento esencial de toda democracia: la libertad de pensamiento. Se quiere obligar al pueblo mexicano a seguir sin chistar las directrices político-religiosas de una camarilla que rechaza el derecho inalienable del ser humano para actuar libremente.

En el trasfondo del asunto de la despenalización del aborto está nada menos que el absoluto rechazo de esa élite ultraconservadora a que los mexicanos actuemos de conformidad con nuestro libre albedrío, como si aún siguiéramos viviendo en el oscurantismo medieval. No paran mientes en que con su actitud retrógrada atentan contra la principal libertad del individuo: la de ser dueño único de su propio cuerpo. ¿Quién es tal o cual dignatario del Estado, o tal o cual prelado, por muy encumbrados que estén, para decirle a una mujer, por muy humilde que sea, cómo actuar en relación con su cuerpo? Se trata de un grave atentado contra los derechos humanos, cosa que no vio así el presidente de la Comisión Nacional responsabilizada de garantizar la defensa de los derechos humanos elementales, el doctor José Luis

Soberanes, quien con su vergonzosa actuación en éste, como en el caso de la indígena presuntamente violada y asesinada en el estado de Veracruz, por varios soldados, demostró estar más atento a su futuro político cerca del gobierno panista que de un pleno cumplimiento de su misión.

En contrapartida, los ministros de la Suprema Corte de Justicia de la Nación, en históricas sesiones a finales de mayo, revocaron de modo unánime los artículos de la llamada Ley de Radio y Televisión, mejor conocida como Ley Televisa, que afianzaban el poder económico y político del duopolio televisivo, al pretender darles plena libertad para seguir disfrutando, sin ninguna cortapisa, la concesión del Estado y usufructuar en su beneficio el proceso de digitalización que se abre con la modernización tecnológica en los espacios de radio y televisión. Se tendrá que presentar una nueva iniciativa de ley en la materia, de conformidad con el imperativo de respetar la inalienabilidad del Estado en el usufructo de las concesiones en ambos medios.

Visto así este complejo asunto, parece un triunfo democrático inobjetable. Sin embargo, analizándolo con más detalle, salta a la vista que el principal beneficiado es el presidente Calderón, pues queda liberado del compromiso tácito de la campaña electoral que tenía con Televisa y Televisión Azteca, de apoyarlas para echar abajo la aprobación de dicho ordenamiento legal. Por otro lado, la SCJN recibe una indispensable bocanada de oxígeno, que tanta falta le hacía debido a la notable pérdida de credibilidad por sus fallos a favor de intereses particulares de los últimos tiempos, comprometido como estaba su entonces presidente, Mariano Azuela Güitrón, con la pareja presidencial foxista. Con todo, no deja de ser positiva y digna de aplauso esta decisión de la Corte que viene a aplazar, por ahora, el suculento platillo de negocios que ya saboreaban ambas cadenas televisivas. En los meses y años venideros, se verá qué tan comprometido está Calderón con éstas, al demostrar si tiene o no voluntad política para enfrentar sus presiones y no ceder a sus mezquinos intereses mediáticos, como sí lo hizo Fox a extremos inauditos, como lo patentiza la decisión de liberar al duopolio del pago de 12.5 por ciento de tiempo al gobierno federal, y dejarlo sólo en 2 por ciento.

Por lo anterior, podemos ver que el camino hacia la meta que es la transición a la democracia plena en México, está no sólo plagado de obstáculos, sino que más bien parece un laberinto más intrincado que el de Creta. Ojalá nos equivoquemos, pero no se observan condiciones objetivas, en este sexenio, para que puedan darse pasos seguros para salir de tal laberinto. No mientras sigamos fuertemente atados a los designios de la Casa Blanca; no mientras los partidos de oposición sigan encerrados en el nudo gordiano que representan sus luchas internas (no se vislumbra un "Alejandro Magno" que lo pueda cortar de tajo); no mientras no existan bases sociales organizadas, capacitadas para alentar los cambios progresistas y de mentalidad que deben darse en las élites del sistema político y de la cúpula empresarial. Mientras tanto, el tiempo sigue su marcha y pronto estaremos los mexicanos festejando los 200 años del inicio de la Guerra de Independencia, y el centenario del comienzo de la Revolución mexicana. Es oportuno hacer votos porque tales festejos no se vean enturbiados por nuevas y más graves crisis sociales, por el empecinamiento de las cúpulas en mantener una política económica inviable y calamitosa de por sí, pero de la que se han beneficiado de manera jamás soñada, de ahí su terquedad en seguir por ese camino que nos puede llevar a un tercer sangriento cataclismo, del que ya nunca podríamos recuperarnos.

Por ahora seguimos siendo un "Estado fallido", concepto con el que Noam Chomsky califica a todos aquellos países donde los intereses de las élites dominantes frenan los pasos hacia verdaderos cambios democráticos, entre cuyas propiedades más características destaca la de que "no protegen a sus ciudadanos de la violencia".

Lo más lamentable de esta dramática realidad, es el hecho de que no se vislumbra una mínima voluntad política del grupo gobernante por variar el rumbo de sus pretensiones patrimonialistas, ni tampoco poner fin a su execrable disciplina a los dictados de la Casa Blanca y del binomio financiero Banco Mundial-Fondo Monetario Internacional. Así lo demuestra su terquedad en tratar de promulgar una reforma energética tramposa y demagógica que no logra esconder su verdadero propósito: dar en usufructo a inversionistas privados, mayoritariamente extranjeros que se valdrán de prestanombres, la riqueza petrolera del país y la producción de energía eléctrica. Según la iniciativa del Ejecutivo, Pemex no se privatiza, pero lo que queda claro es que no se habrán de privatizar sus pérdidas, sino únicamente los beneficios de la explotación, distribución y venta de los hidrocarburos.

Se quiere cumplir así con uno de los postulados básicos de la estrategia económica neoliberal, el desmantelamiento de los estados nacionales para minimizar su capacidad de arbitrar las relaciones sociales y evitar los excesos a los que son tan proclives los dueños del capital. Como bien apuntan Hans-Peter Martin y Harald Schumann en su muy documentado libro *Las trampas de la globalización. El ataque contra la democracia y el bienestar*":

> La mayoría de los ministros y partidos de Gobierno de los países de la OCDE sigue creyendo que hay que reducir aún más la influencia del Estado en la economía para que la prosperidad y los nuevos empleos surjan por sí mismos. En nombre de este programa, desde Tokio a Bruselas pasando por Washington se están eliminando poco a poco todos los monopolios u oligopolios controlados por el Estado y sometidos a límites nacionales.

El presidente Calderón se afana en afirmar, en cuantos foros se le presentan, que la reforma a Pemex nos "sacará definitivamente de la pobreza" y creará condiciones "para que todos vivamos mejor". Lo que no es difícil vaticinar, en caso de que el binomio PAN-PRI lograra su aprobación en el Congreso de la Unión, sería el principio del fin de la gobernabilidad del país al acrecentarse, a niveles insospechados, las condiciones de pobreza de las grandes mayorías nacionales, incluidas las ya muy afectadas clases medias. Cabe preguntarse: ¿en qué le benefició al país el criminal desmantelamiento de las empresas del Estado mexicano, a partir de los gobiernos neoliberales de De la Madrid y Fox?, ¿no se redujo de manera dramática el crecimiento real del PIB y no se perdió en más de 300 por ciento el poder adquisitivo del salario de los trabajadores?, ¿no acaso hubo necesidad, al inicio del gobierno de Zedillo, de recurrir a la Casa Blanca y al Banco Mundial para evitar la "primera gran crisis del capitalismo en el siglo XXI" (Martin y Schumann dixit), no obstante los extraordinarios ingresos por las ventas de paraestatales en el gobierno de Salinas y De la Madrid?

Es claro que el afán desmedido en "pagar facturas" por apoyos prestados durante la campaña electoral en el 2006, sigue siendo la prioridad del actual gobierno panista, sin importar las graves consecuencias de tal actitud deleznable. Es obvio, asimismo, que no le queda de otra, tanto por su imposibilidad para contar con bases sociales que hicieran factible un cambio estratégico en las prioridades de gobierno, como por el empecinamiento de muchos de los funcionarios, con alguna honrosa excepción, en aprovechar al máximo la oportunidad de servirse del poder con fines patrimonialistas. ¿No es lamentable que Fox, con ingresos históricos extraordinarios en su gobierno, gracias a los 719,000 millones de pesos extras por los sobreprecios en la venta de petróleo, haya dejado un endeudamiento récord de 603,000 millones de pesos? Así lo documentó en marzo pasado la Auditoría Superior de la Federación.

Concluimos citando otra vez a los dos autores alemanes, quienes luego de analizar las consecuencias del llamado "error de diciembre" al inicio del gobierno de Zedillo, afirman: "En pocos meses, 15,000 empresas estaban en bancarrota, unos tres millones de personas perdieron su empleo y el poder adquisitivo de la población se redujo en al menos un tercio. Tras una década de reformas neoliberales, la nación de 100 millones de habitantes al sur del Río Grande (*sic*) está peor que antes. México sigue siendo un país en el umbral, juzga la científica social y conocedora del país Anne Huffschmid, pero no en el del salto a la zona de la riqueza, sino 'en el umbral de la ingobernabilidad, de la guerra civil'. ¿Será que estamos condenados a que cada 100 años vivamos guerras cada vez más cruentas? La única opción para evitarlo es con un Estado fuerte que sirva a los intereses del país; que su única obediencia sea a los dictados constitucionales, no a directrices del extranjero; que no sea rehén de fuerzas oscurantistas, sino que defienda con el brazo de la razón el imperio del laicismo; y que no meta al Ejército en aventuras genocidas para hacer prevalecer intereses oligárquicos sobre los de las mayorías.

Bibliografía

AGUILAR CAMÍN, Héctor, *La frontera nómada, Sonora y la Revolución mexicana*, México, Siglo XXI, 1981.

BLANCO, José Joaquín, *Se llamaba Vasconcelos*, México, Fondo de Cultura Económica, 1977.

CALVA, José Luis, *México, más allá del neoliberalismo. Opciones dentro del cambio global*, México, Plaza y Janés, 2000.

CÁRDENAS, Lázaro, *Apuntes*, México, UNAM, 1972.

CÓRDOVA, Arnaldo, *La ideología de la Revolución mexicana*, México, Ediciones ERA, 1973.

COSÍO VILLEGAS, Daniel, *El sistema político mexicano*, México, Joaquín Mortiz, 1974.

CHOMSKY, Noam, *Estados fallidos. El abuso de poder y el ataque a la democracia*, México, Ediciones B, 2007.

GARCÍA CANTÚ, Gastón, *El socialismo en México*, México, Ediciones ERA, 1980.

GILLY, Adolfo, *La revolución interrumpida*, México, Ediciones ERA, 1994.

GUZMÁN, Martín Luis, *El águila y la serpiente*, México, Fondo de Cultura Económica, 1985.

_______, *La sombra del caudillo*, México, Fondo de Cultura Económica, 1985.

KRAUZE, Enrique, *Lázaro Cárdenas: general misionero*, México, Fondo de Cultura Económica, 1992.

_______, *Álvaro Obregón: el vértigo de la victoria*, México, Fondo de Cultura Económica, 1987.

———, *Venustiano Carranza: puente entre siglos*, México, Fondo de Cultura Económica, 1987.

MACÍAS RICHARD, Carlos, *Vida y temperamento: Plutarco Elías Calles (1877-1945),* México, Fondo de Cultura Económica, 1995.

MAGDALENA, Mauricio, *Las palabras perdidas*, México, Fondo de Cultura Económica, 1956.

MARTIN, Hans-Peter y Harald Schumann, *La trampa de la globalización. El ataque contra la democracia*, Taurus, 1990.

PLASCENCIA DE LA PARRA, Enrique, *Personajes y escenarios de la rebelión delahuertista 1923-1924*, UNAM, Instituto de Investigaciones Históricas, 1998.

SEMO, Enrique, *Historia mexicana (economía y lucha de clases),* México, Ediciones ERA, 1978.

SILVA HERZOG, Jesús, *Breve historia de la Revolución mexicana*, México, Fondo de Cultura Económica, 1978.

SKIRIUS, John, *José Vasconcelos y la cruzada de 1929*, México, Siglo XXI, 1982.

TARACENA, Alfonso, *José Vasconcelos*, México, Porrúa, 1990.

URQUIZO, Francisco L., *Asesinato de Carranza,* México, Populibros La Prensa (s/f).

Investigación hemerográfica

El Universal.

Excelsior.

La Jornada.

Revista Política.

Proceso.

Índice

Las paradojas de la transición. Agonía de un sistema político sin autocrítica
se terminó de imprimir en la ciudad de México durante el
mes de mayo del año 2008. La edición, en papel de
75 gramos, estuvo al cuidado de la oficina
litotipográfica de la casa editora.

ISBN 978-970-819-083-1
MAP: 015855-01